自己の中に永遠を
板垣與一
Yoichi Itagaki
文芸社

卒寿記念祝賀会でのスナップ。1998 年 10 月 15 日、如水会館にて。
撮影：北村進平（38 頁参照）

人生は出会いの連続、人との出会い、本との出会い、自分との出会いという三つの出会いの瞬間をきちっと受けとめ、今日、この一日を大切に生きつつ、死ぬまで生きることだ。

自己の中に永遠を　目次

第四章　アジアのあけぼの――太平洋戦争従軍記……117

第七章　教育者として

第八章　身辺雑話 …… 291

序——板垣與一先生を偲ぶ

（一橋大学名誉教授・世界経済研究協会理事長）
小島　清

わが日本の経済学の泰斗、一橋大学名誉教授板垣與一先生、ここに逝く。九五歳に手の届く天寿をまっとうされた。

最愛の聿子《いつこ》夫人に先立たれたのは痛恨であったが、七回忌の去る六月一日に、近親の会を情熱をこめて催された。その直後に、膵臓癌が発見された。すべてを大悟し、家族をはじめ多くの方々に感謝しつつ、八月二八日深更、静かに、おだやかに、昇華された。まさに大往生であった。九月一日と二日に、千日谷会堂にて盛大に葬送した。

板垣教授は、銀の匙に乗ったプリンスとして、颯爽と学界にデビューした。その研究態度たるや誠に豊かである。ギリシャ語、ラテン語からインドネシア語まで一〇ヵ国語に通じ、文献は山と買う。新聞も一〇紙に眼を通す。すぐ海外現地調査に赴く。博識多才、美文家で凝り性である。同僚、ゼミテン（五〇〇名に及ぶ）をはじめ内外の学界人との広く深い交流をもたれた。

明治四十一年（一九〇八年）生まれの板垣教授は、小樽高商を経て昭和四年に東京商科大学に入学、福田徳三先生の最後の「掲示場だけの」ゼミテン、そして中山伊知郎先生の第一期生となられ、一橋の学問の伝統の中に生き、それを継承して発展された。「批判なくして学問の進歩なし」との伝統を貫徹した。

一橋大学の経済学部長、図書館長をつとめ、名誉教授（一九七二年）に列せられ、勲二等瑞宝章を受けられた（一九八〇年四月）。一橋の学問伝統の「生き字引」を失ってしまった。痛恨事である。

板垣教授は戦後日本の経済学の発展と教育に意をつくし、その良きインキュベーター（孵卵器）として貢献された。一橋大学退官後、亜細亜大学経済学部長となられ、アジア経済研究所、貿易研修センター、国際大学などの創設に尽力され、八千代国際大学の初代学長をつとめられた。また、日本経済政策学会、日本国際経済学会、アジア政経学会、世界経済研究協会、多国籍企業研究会などの振興に尽力された。さらに、多年にわたる日本経済学会連合への献身は大きい。これほど広く学会のまとめ役を果たされたのは、円満な人格の板垣教授を措いて他にあるまい。

板垣與一博士のアジアへの思いやり（あるいは人間愛）は純粋にして高邁である。太平洋戦争中（一九四一年一二月から一九四五年九月の間）、赤松要団長と一緒に南方軍政総監部付で現地経済調査に従事され、インドネシア独立運動を支援された。その経験を踏まえ、力作『アジアの民族主義と経済発展—東南アジア近代化の起点』（一九六二年三月　東洋経済新報社）を公刊された。これはアジア諸国も植民地的後進国としての狭いナショナリズムを超克して、今や世界に活躍の場を見出す「啓発された（トランス）ナショナリズム」に前進すべきことを説いたものである。その文献渉猟の該博詳密なるに驚く。これは「日経・経済図書文化賞」に輝いた。その後刊行された『アジアとの対話』（第一集、一九六八年　論創社）は第五集（一九九八年）に及んでいる。また、アジアからの留学生を指導しての研修旅行は毎年続いていた。

一橋大学の学問の伝統は永遠である。板垣先生の母校愛とアジアへの思いやりもまた悠久たるべし。


（二〇〇三年九月二日記　「世界経済評論」二〇〇三年十月号）

第一章　卒寿断想

氏が最後の著作集『アジアとの対話・第五集』を上梓したのは一九九八年、九十歳の誕生日であった。そこで「隠居宣言」をしたもののの、旺盛な思考力、表現欲は一向に衰えず、次の著作集の構想を練っていた。「卒寿の華やぎ」「対話の世界」などの書名案とともに、目次立てのメモも残っている。そこにあったのが『アジアとの対話・第五集』に掲載された「隠居宣言」などの再録と、その後書いた、卒寿を迎えてなおかつ人生を前向きに捉えようとしている原稿である。

隠居宣言

卒寿の年を迎え、気がついてみると、恩師も同僚も、これまで親しかったまわりの人が、あるいは突然にあるいはいつのまにか、先を争うようにこの世を去ってしまった。

時に、野中の一本松のような孤影悄然たるわが身を喞《かこ》つ思いに駆られる。これから先の自分はどう生きるのか、とやるせない、わびしい気分にさえ誘われる。

しかし、それと同時に、「よくまァこの歳まで無事に長生きしたものだなァ」と、人知れず深い溜息をつく。瞬間、遠く過ぎ去った昔の子供の頃の懐かしい思い出が、走馬灯のように、実に鮮やかにしかもいきいきと蘇《よみがえ》ってくる。老い先の時計時間が短くなればなるほど、うしろ向きの意識時間が、あたかもそれを補うかのように、長くなってくるとは、まことに不思議な心象風景というほかはない。

卒寿を迎えた私の現在にとっては、漠然たる「未来」にあれこれ思い惑うよりも、むしろふるさとの山や海、幼かりし頃の思い出につながる在りし良き「過去」に生きることが、やるせない心を癒し、わびしい気分を慰めることになるのであろうか。

もちろん、卒寿を過ぎても、死ぬまで老後を前向きに、学者なら著作活動に、一般社会人ならボランティア活動なり何らかの社会奉仕活動に献身し、いうなれば生涯現役を志す人がないわけではない。それは、その人なりの「生の証《あかし》」に生き甲斐を求めているのであろう。そのような気概や行動力に乏しい自分を省みて、ただただ羨望の嘆を洩らすのみ。

むかし、人生五十といわれた時代に、「隠居」といって、将来のことは若い人にすべて任せて、とやかく口出しせず、あっさり現役を退いて、「悠々自適」、「日々是好日」を愉しむことが、世間のしきたりであった。「五十にして天命を知り」、「六十にして耳順《したが》う」という、孔子の格言もなるほどと肯《うなず》かれる。今や高齢化社会の到来とともに、人生八十の時代になった。いや応なしに現役を辞めさせられる「定年」で、「天命を知る」のは六十五、「耳順う」は七十五ということになった。人により差はあるにしても、隠居にはまだ早いと、やる気一杯の人もいるに違いない。しかし、さて、八十五、九十となるとどうであろうか。

もうこの歳になれば、たとえやる気十分でも、身体《からだ》の方がいうことをきかなくなる。気力さえあればと意気込んでも、体力には限度がきている。人は九十の峠に立ったら、「やるだけやった、さァこれから隠居だ」と、声高らかに「隠居宣言」を打ち上げるのが自然体ではなかろうか。

いろいろな出会いが縁となり、私も思わず八十五まで、現役六十年を務めた。「やるだけやった」にはほど遠いにしても、現役に伴う直接的・間接的な義務や責任から完全に解放されて、「白雲自去来」、「悠々自適」の心境を愉しみつつ今日に至った。しかし、よくよく考えてみれば、現役時代のいろいろな関係を急には断ち切れず、例えば、学会十五、研究所五、研究会、協会等五、暮れの年賀状の宛名書き六百五十枚、「悠々自適」に徹した五年間ではなかった。

そこで今、卒寿断想のプロローグを「隠居宣言」と題することによってはじめて、夜が明けて朝がきたような晴れやかな気分になっている。

山荘独語

記録的といわれる長い梅雨がまだ明けない七月下旬、都塵を逃れて久し振りに軽井沢の霧深い山荘に落ち着いた。物音一つ聞こえない静かな夕暮れの風景を眺めているうちに、ふと自分の姿に気がついた。

自分はこれまであまり死ぬとか生きるとかについて、深く思いつめて考えたことがない。「人は死ぬまで生きるんだ」と、案外呑気に割り切っている。顧みてこれまで、たとえば人を裏切ったとか、良心の呵責に悩んで夜も眠れなかったというような覚えはまったくない。もしあの世で地獄、極楽のどっちかへ行くのだとすれば、はじめから自分は極楽へ行くに決まっていると、勝手に思いこんでいるので、あの世のことを心配したことはない。もっとも自分は八十五歳まで現役として、直接的または間接的に責任のともなう日常の仕事に毎日追われてきたので、ゆっくり考える暇がなかった故かもしれない。

自分はいったい何のために生きてきたのだろうか？　何のために？　と自ら問いを発しても、自分には直ぐそれには答えられない。「如何に、どのように生きてきたのか」という問いなら、ある程度答えられるだろう。

自分の生きてきたありのままの姿は、まぎれもなく世間でいわれる学者・教育者の生涯だったに違いない。途中で職業を変える波瀾もなく平凡な一筋道を歩いた。しかし、それは結果としてそうなったのであって、はじめから人生の目標を立てて選択したわけではなく、それこそ偶然の出来事に過ぎない。めぐり合ったどのような偶然がはずみとなって、現在の自分の姿があるのだろうか。

それはそれとして、学者・教育者として歩んだ自分の生涯に満足を感じているかと問われれば、他人の評価がどのようであれ、自分としては良かったと満足しているし、幸せだったと感謝している。

教育者として教師としての自分の姿が、どのような心象として教え子たちの胸に刻まれ、自分が心をこめて語ったことが、彼らの琴線にどの程度ひびいたかについては知るべくもないが、自分としては精いっぱい努めたつもりだ。いずれにせよ、自分が責任をもって直接指導した数百人の教え子たちが、学界、官界、実業界でそれぞれ立派な業績をあげて活躍している姿を見て、内心密かに誇りと喜びを感じている。しかし、「真の教育者」としてあなたは胸を張って答える自信がありますか？　と問われれば、「それにはとてもとても……」と赤面汗顔のほかはない。

それでは、学者として研究者としての自分の姿をどう思っているか？　私の恩師中山伊知郎先生は「学問は一生のこと」をモットーとしておられたので、自分もこの言葉を深く胸に刻んでいる。先生は八十一歳六カ月ですでにこの世を去られたが、先生のご生涯は文字どおりこの言葉を生き抜かれた見事なものだった。学問とは「学びかつ問う」真理探究の精神にその本質があるとすれば、自分も微力ながら学者のはしくれとしてそれを心掛けてきたつもりである。

しかし、それと同時に学者はその生涯において成し遂げた業績の如何によって、しかもその業績のいくつかが当代の学界で独創的として評価されたかどうかによって、真価が問われるのである。業績によって裏付けられた独創性が学問の生命である限り、その名に値する「真の学者」への道はまことに険しい。『職業としての学問』のなかで、マックス・ウェーバーは、真の学者の資格要件として、事物探究の「情熱」、矛盾なき「論理的思考」、創造的な「着想」という三つの能力を挙げている。これに思いを致すとき、「おまえは真の学者か？」の一喝に、電光一閃、心肝を貫き、その場に悶死するばかりである。

真の教育者は全人格的に、真の学者は独創的業績によって、審判されるとすれば、この規準の足許にも届かないささやかな教師、研究者として生きてきた自分の足跡を見つめながら、「かく在って他ではあり得なかった」自分なりのアイデンティティのエトワスについて、問わず語りの独り言を呟く。

聿子の世界——『四季折々に』の編集を終えて

おおらかに、ほがらかに、それこそなんの屈託もなく、いうなれば、潔く、この世を去った聿子《いっこ》を羨ましく思う。

「誕生日の朝」のあの詩のように、ウィンドウに映る自分の姿を、「背中はまるく、頭は真白」と、なんとなく茶目気ある少女のように、ユーモラスに詠いながらも、「気持まで年をとってはいけない」と、八十三歳になっても、ピンと気持をひきしめる前向きの姿勢、とても病気療養中とは思えないほどだった。

聿子は赤い色が特に好きだった。「私は満州生まれなので、赤い色が大好き」が、口癖だった。八十になっても赤い派手な柄の服を、喜んで身につけた。あの満州の曠野に沈む赤い夕陽の色を、いつも想い出していたのだろうか。

「若い人は美しい、しかし老いたる者もさらに美しい」と、ホイットマンの『草の葉』の詩を愛唱し、「美しく老いる」ことを、絶えず心に念じていたようだ。

聿子は生涯を通じて、自然に親しみ、季節の移り変りをよく凝視《みつ》めて、日々を過した。朝早く起きるや庭に出て、四季折々に芽を出しふくらんでゆく花や草木に、「おはようございます」と、やさしく言葉をかけて、その生長を愉しんだ。雑草を抜いたり、落葉を拾ったり、水を撒いたり、庭はいつも清々しく、きれいに掃き清められていた。

殊に、都塵を離れた軽井沢高原、南ヶ丘山荘の生活は、聿子にとっては、自然に親しむ何よりの機会であった。雲ひとつなく晴れ上り、碧く澄みわたった空を仰ぎ、夜はキラキラ瞬く満天の星空を眺めて、生きる日の喜びをかみしめた。

毎朝、庭に出て、さわやかな空気を胸いっぱい吸い込み、背筋をピンと伸ばし、林の中を散歩しながら、ふと可憐な野の花を見つけて、心を躍らせた。かすかに白煙の立ちのぼる浅間山のなだらかなやさしい姿を遠く眺めながら、小一時間の散策を日課としていた。

夏の軽井沢は、案外多忙だった。東京ではめったに会えない人が、前触れもなく突然に訪ねてきたり、ひと頃、私も訪日中の外国人教授夫妻を、しばしば軽井沢へ招待した。聿子も親しい茶友を招いて、高原の茶事のもてなしをした。そういう機会の度毎《たびごと》に、碓氷峠、熊野神社、見晴し台、白糸の瀧、さらには鬼押出、浅間牧場、小諸までも案内した。晩年の夏は、子供たち、孫たち、それに曾孫も、大勢遊びにくるので、一家団欒の夕餉の賑わいはまた格別だった。年に一度の軽井沢生活は、聿子の生涯にとって、真に生き甲斐を肌身に感ずる、何ものにも代え難い愉しみだった。

聿子は母校を限りなく愛した。恩師を敬慕し、同期の友はいうまでもなく、学び舎を共にした「しきしま」の友達との交遊を、心から愉しんだ。

引揚げ後、銀座での偶然の出会いがきっかけとなり、一年後輩の石井キヨさんと話し合って、『わかくさ』再刊に熱意を燃やした。それに煽られて、私も会誌の体裁などについて助言した。表紙の「わかくさ」の題字は私の筆になり、ガリ版を切ってもらう神田謄写堂へもお伴した。その頃、私は戦中戦後にかけて三カ月遅れとなり、まさに気息奄々の月刊『一橋論叢』を、なんとか定期刊行の軌道に乗せるべく、編集責任者として駆け廻っていた。

敷島同窓会が終ったその日、同期の友達を誘い合っての「一泊旅行」を、無上の愉しみにしていた。遠慮のいらないクラスメートと、冗談を言い合って大きな声をあげて笑い、人まね、ものまね上手なジェスチュアでおどけてみせたり、殊に、第四回舎生の集まりで、「切られ与三とお富」のやりとりまで演ずるとは、(私のような)「お釈迦さまでも気がつくめえ!」でした。『しきしま』便りを通覧してみて、聿子が気のおけないクラスメートとの一泊旅行をいかに楽しみ、他方、戦後各地に四散した旧友を尋ね歩く旅に、東奔西走したかを知った。旅で渝《かわ》らぬ友情を温め、旅で四季折々の自然に親しむ聿子の人生にとって、旅こそ彼女の生命《いのち》であった。しかし、今や聿子は永遠に還らぬ死出の旅路へ発ってしまった。

聿子のもう一つの世界は、少女の頃から稽古に励んだ茶事であった。

裏千家鵬雲斎千家元の主宰される淡交会に入り、茶道の修業に努めた。また母むめの大連時代から今もなお続いている「友松会」という茶会の仲間として、年に何回かの当番を自宅で主催した。私は奥深い茶道の世界の門外漢なので、なんの心得もないが、聿子が亭主をつとめる当番がきた時、あれこれ真剣に工夫を凝らしていた彼女の心象風景が、今もはっきり目に浮かぶ。

床の掛け物、花、花入、茶碗、茶器、茶杓など、道具の取り合わせへのいろいろな気配り、また、今日の茶事のテーマをどう設定するか、新しい着想はないか、季節感をどう生かすか、とりわけ、その日の茶事のもてなしに、どのようにフレッシュな趣向を盛り込むかなど、日夜頭を痛めていたことに気づいていた。

「桐一葉」を路上で拾って大事にもち帰り、そのときパッとひらめいた着想を、得意気に語る彼女に、私は耳を傾けた。「茶籠」についてもそうである。そのひらめきは、彼女の感性の内面的な創造の現われだった、ということができよう。

しかし、これらはまだよいとしても、茶事の新趣向を打ち出すのに熱心なあまり、軸とか、壺とか、茶碗とか、香合とか、香木白檀とか、縁のある人ごとに、何かとおねだりしていた。そのおねだりの様子は、なんの気兼ねも遠慮もなく、天真爛漫、淡白率直だった。おねだりされた方は、さぞ迷惑だったに違いない。

韭子は、このように茶道具の取り合わせには、新しいアイディアを盛り込むことに熱心だったが、それは彼女の敏感かつ繊細な感性が、そうさせたのだと思われる。

彼女はある意味で即興詩人だった。何かの刺激や感動を、即座に詩や歌や句にした。その道の人から見れば、稚拙な出来であろうが、感じたこと、思ったことをそのまますらすらと書きとめれば、それがいかにも彼女らしい詩となり歌になった。形式はどうあれ、詩心や歌心が、いつも敏感に感応した。その断片のいくつかをここに収録した。

しかし、それはそれとして、茶道の基本は、あくまでも客のもてなしのうちに、客人の心と亭主の心との融和、いわば客主一体感の境地を、自然につくりあげることにある、と教えられた。

韭子の生涯は、文字通り茶道一筋に生きてきた。その間に、知らず識らずのうちに、利休以来の「一期一会」の茶道の精神が泌み込み、もてなしのなかで、客主一如の「寂静」の境地を、自然に体得したであろう、と想像される。

つきつめていえば、聿子の世界は、常に自然に親しみ、季節の移ろいに、生の欣《よろこ》びを感じとり、友と友、人と人との融和に、心の安らぎを求めた。茶道一筋にうち込むことによって、いつとはなしに、「不生不滅」の「無相の自覚」に目覚め、何物にも囚われない、いわば「悟り」ともいうべき心境に行きついていたのかも知れない。

あくまでも穏やかで、安らかな永遠の眠りについた聿子の一生は、考えれば考えるほど、幸せだったと思う。

この小著が自分の作品として世に出ることに、泉下の霊は、微苦笑をもらしながら、快く受け入れてくれるであろう、と念願しつつ編集の結びとしたい。

（『アジアとの対話　第五集』一九九八・十・十五）

三つの出会いを大切に

きょうは私の卒寿記念の集いということで、それこそ北海道から沖縄まで、全国各地から遠路をものともせず参加していただき、またはるばる海を越えてハワイからグーグラー歌子さんまで駆けつけてくださいました。このように二百名を越える大勢の皆さんに囲まれて、今この壇上に立っている私は、何か夢でも見ているような気分で、ただただ感激で胸いっぱいというところです。長生きするとこういういいことがありますので、皆さんもできるだけ長生きしてください。

顧みますと、還暦から卒寿まで、人生の節目節目で一垣会《いちえんかい》の皆さんには大変お世話になりました。そのお蔭で、私のとるに足らない雑文集が『アジアとの対話』という形で、五冊までも出版することができました。このような総会という機会がないと、皆さんに直接御礼を申し上げる「場」がないわけですから、きょうの総会開催のために、一年前から熱心に準備を進めて下さった世話役幹事の方々に心から厚く御礼を申し上げます。

また総会への出欠返信のハガキの中で一筆していただいた会員諸君の「近況報告」も、ここへ来るまですべて拝見いたしました。至れり尽せりの準備の心遣いに感謝しております。

さて、卒寿を迎えた私の所感の一端は、既に皆さんのお手許に届けられた出版物の中で「卒寿断想」と題して発表しましたが、その劈頭《へきとう》で「隠居宣言」を高らかに謳《うた》い上げました。ところがその反響はどうもあまり芳《かんば》しくないようです。私も急いで執筆した故《せい》か、少し説明不足が原因だと思いますので、ここで更《あらた》めて、私が「隠居宣言」にこめた意味合いについて若干の補足説明をさせて貰《もら》うことにいたします。

何よりも私はあの宣言によって、主体的な「精神の自由」を獲得したいということでした。これまでの長い人生行路の中で、現役時代の直接的または間接的な義務や責任はやむを得ないとしても、現役を退いたこの五年間も、あれやこれやのしがらみを断ち切れずこのままずるずるべったりの「日常性」の世界に埋没してしまうのではないかと、一種の危機意識に当面したからです。

そこで、思い切って心機一転、「日常性」の世界から脱して「非日常性」の世界に生きるというか、少し哲学めいた言葉でいうと、「実存的人間」としての生き方に沈潜したいという願望が、あの宣言にこめられた意味合いでした。平たく言えば、「人間とは何か」、「人間の生とは何か、死とは何か」、「生死一体、死生一如とは何か」を真剣に問い詰める主体的な「精神の自由」の境地に、わが身を置きたいというのが、ほかならぬ私の真意でした。

ただし、まだ宣言しただけであって、「さて、これからどう生きるか」は、これから問い詰めてゆかねばならない大きな宿題であって、今のところ、自分でも五里霧中というのが正直なところです。

実は「隠居宣言」には、多少戦略的な意味合いもあって、

「先生、九十になって、これからどう生きるのですか?」

という質問があれば、それに先手を打った格好で、

「これからは隠居だ!」

と大きな声で答えれば、相手は、何だかわかったようでわからないまま、鳩が豆鉄砲をくらったように黙り込むことになろうという戦略的なねらいがあったのです。

さて「卒寿断想」の補足的説明はこれで打ち切りとして、最後に、年長者の特権として、私

から諸君へのささやかな人生訓を、はなむけの言葉として贈りたいと思います。もちろん、人生訓といっても、これまでゼミを通して折にふれて言ってきたことの繰り返しに過ぎませんが、一つは「人と人との出会いを大切に」ということです。人生はさまざまな出会いの連続だといわれています。「出会い」はいうまでもなく偶然の出来事ですが、その偶然の出会いの受けとめ方如何によっては、その人の全生涯を左右するほどの偉大な偶然となることがあるのです。

そこで、特に人と人との出会いと交わりを大切にしたいものです。人生の喜びも悲しみも、つまるところは、人と人との交わりの中にあります。そしてその交わりを、もし「一期一会」といわれるような真に心の通い合った深い交わりにまで高めることができれば、それは人生における最高の心の安らぎであり喜びであります。

二つ目は「本との出会いを大切に」ということです。

偶然に手にした一冊の本との出会いが、その人の人生観に大きな影響を及ぼした実例は沢山あります。

「本読まざれば進歩なし」ですが、ただ漫然と本を読むだけでは進歩につながりません。「本に読まれる」のではなく「本を読み込む」という積極的な姿勢が大事であって、自分の受けとめるアンテナの感度がしっかりしておれば、天啓や着想を得、その瞬間が本との真の出会いとなるのです。歴史の風雪に堪えた「一冊の本」との出会いを大切にしてください。

三つ目は、いよいよ「自分との出会い」という大問題です。いったい「自分とは何なのか」、「自分の存在根拠は何なのか」、いわゆる「自分のアイデンティティは何なのか？」……図《はか》らずもそれをつきとめたと思う瞬間、「自分との出会い」にはじめて目が覚めたということでしょうが、これは誰にとっても生涯をかけての大問題であり、隠居宣言をした私にとっても大問題です。

このことを絶えず念頭におきながらも、さしあたって一番大事なことは、「今日、この一日を大切に」ということだと思います。

英語でいう“No day but Today!”もそのような意味に響きますし、「明日ありと思う心のあだ桜、夜半に嵐の吹かぬものかは」の歌にもそのような意味がこめられています。

ゲーテの有名なモットー「日の義務を尽せ」にも、「この一日を大切に」全力を尽す思いを汲み取ることができましょう。

私がこれまで折にふれて諸君に「今が大切、努めて熄《や》むな」と言ったのも同じ意味合いです。

人生は長いようでも、一日、一日の積み重ねにほかなりません。毎日、毎日を大切に、精いっぱい土俵際まで生きてゆけば、竟《つい》にいつかは「これこそほかならぬ自分そのものだ」と、「自分との出会い」を確かめ、納得することになるでしょう。
以上、「人との出会い」、「本との出会い」、「自分との出会い」という「三つの出会いを大切に」を諸君へのはなむけの言葉とし、これをもって諸君への御礼の挨拶といたします。皆さん有難うございました。

（如水会館にて　一九九八・十・十五）

板垣先生卒寿記念祝賀会のスナップ写真に添えてお送りした短歌三首

一垣の中に　育ちし我等皆
　喜び集いて　師を言祝《ことほ》ぐ

仰ぎ見る　師の顔《かんばせ》は　笑み溢れ
　夢追う瞳　今も渝《かわ》らず

新世紀　目前にして　師と我等
　明るく楽しく　生き抜かん

北村進平作
（先生よりご丁重なお礼状届く）

北村進平様

十一月三日付の心温まる御鄭重なお手紙と共にあの日のスナップ写真十葉（内、瑛子三葉）を有難く拝受しました。写真はいずれも良く撮れており、殊に煙草を手にしたスマイリングの一葉は『アジアとの対話　第五集』の口絵と入れ替えたい程です。すばらしい三首とあわせて記念アルバムに納めました。南紀一周のおふたりの旅では思いがけないよい歌がいくつも出来たことでしょう。西行を俟つまでもなく人生は旅です。これからもおふたりの旅を愉しんで下さい。

御礼一筆のみにて

北村進平様

十二月六日付の御鄭重なお手紙を嬉しく拝誦。

キャビネ判写真二葉も有難く拝受。

いかにも自分らしい笑顔を見せた間一髪（「心中の微笑」が思わず外へ洩れた瞬間――）をパチリとカメラに収めた貴君の見事な腕前に、深甚の謝意と敬意を表します。それとともに、増淵君の親切な気配りと有難い助言に感激し、それを素早く受けとめた感度の高い貴君のご好意に対し心から厚く御礼申し上げます。

御礼一筆のみにて

人生の生き方について――運命との闘い

私は今、浅間高原を吹き渡る涼しい風に、身も心も洗われる思いで、軽井沢山荘のベランダの籐椅子にゆったりと腰をおろしています。見上げる青い空に静かに流れゆく秋の雲を眺めながら、この大自然への調和の中でつくづく私自身が「生きている」と同時に、「生かされている」ことを実感しております。

私は、まもなく満九十三歳になります。よくもまぁ、こんなに長生きしたものだと、実に不思議な気持ちです。それと同時に私の脳裡に閃く、「私は自分の人生をどう生きてきたのか」ということに思いを巡らしています。

私の尊敬する一先輩が、ある時こう言ったことを思い出しました。

「人生というものは、『運・縁・根』によって決まるのだ」と。「人生とは何か」というこの難問を、あたかも一刀両断の如くズバリと答えたその切れ味の鮮やかさに、目が覚めたような思いを致しました。「根」は、根気とか根性の根、これは本人の自発的・自主的な意志、情熱を指していますから、学問も事業もその人の根の如何によって決まるということができましょう。

しかし、それでは根だけで人生が決まるのか、と言えば、そうではなく、案外その人の「運」によって決まるのです。しかも、それが好き運に出会い、良き縁に恵まれてこそはじめて、その人なりの最高の人生を生きたことになる、というわけです。ただ、このように「運・縁・根」の三拍子がうまく揃えば、確かに最高の人生であることは間違いありません。

多くの人々は精一杯根気よく真面目に努力したにもかかわらず、好き運、良き縁に出会うことなく、不運に悩む人生を送り、それが「宿命」だと諦めざるを得ないという考えに陥ってしまいます。

ここで一寸立ち止まって、もう一度「運・縁・根」について考えてみることにしましょう。「根」は自分の持って生まれた潜在的な能力を奮い起こすことですから、いうなれば我が身に内在的に備わっている、いわば意志と情熱と言ってよいでしょう。

ところで、これと結びつく「縁」とは一見偶然のように思えますが、自ずから求めて努力することによって培われるものです。「根」が種を蒔くことならば、「縁」とは水をやり続けることです。

たとえば、「米国の大学に是非留学したい」と願って、初めて大学の掲示板の中に「留学奨学生募集」の公示が目に飛び込んでくる、という「縁」にめぐり逢うことができるのです。また、やましい心を持てば悪の道への縁となります。この二つは、広い意味で「自力」ということができます。

しかし「運」は、自分の力ではどうにもならない「他力」ということになります。そうしますと、人生の生き方における自力と他力との関係は、互いに依存しながら対抗し、「相関」と「緊張」という、大変ダイナミックな関係として理解することができるわけです。

さて、ここで一息入れて、「運」とは一体何のことでしょうか。私の先輩は、人も羨むような成功者だったせいか、「運」は、はじめから幸運と思い込んでしまっているようでした。しかし、「運」には幸運もあり、不運もあるわけです。そういう二重の意味合いを含む言葉は、単なる「運」という言葉ではなく、むしろ「運命」と名づけた方が正しい用語法だと、私は考えております。

運命は行き先が一方的に決まった「宿命」とは異なり、幸運も不運も含んだ二重の意味合いを持つ言葉です。

言うならば、「運」「不運」とは実は本人の受け取る心によって決まるのです。志望大学の入試に失敗したことによって、一層奮起し、各界の第一線で活躍するに至った著名人は数多くいますし、幼少時に両親を亡くしたことによって「根」と「縁」のエネルギーを極大化し、歴史上に名を残した人も枚挙に遑《いとま》がありません。しかし、「運命」との出会いには厳しさが伴います。

この「運命」について、鋭い考察を明らかにした人は、ニッコロ・マキャヴェリです。十六世紀初頭、近代政治学の祖といわれ、「君主論」という本を書いたことで有名な人物です。マキャヴェリは、人生の半分を支配しているのが「運命（フォルトゥナ）」であり、他の半分は、人間が生まれながら持っている「力量（ヴィルトゥ）」、いわば根の自力に任せられているのである、従って人生というものは、人生の半分を支配している「運命」の挑戦に対して、人間の「力量」つまり根の力がいかに効果的に応戦し、しかも的確に対処し得るかによって、成功か失敗かが決まるのだと、述べています。更に、マキャヴェリは運命について、気紛れに転変すること、そしてこの運命の転変を「好機（チャンス）」として掴むためには、「立場の転換」が必要であることを述べています。

運命の女神（フォルトゥナは女性名詞）は、極めて気紛れで移り気の多い女神である。そこで、「根」は寸時の油断もなく、運命の気紛れな転変に、常にすばやく対応すべく、平素の備えを万全に整えておかねばならない。

それには、「立場の転換」が必要だと、いうことです。それでは、この「立場の転換」はどのようにしたら可能でしょうか。それには何よりもまず、我が身を緊急・非常事態というか、あたかもルビコン河を渡れば、もはや一歩もあとへ引くことが許されない必死の覚悟で、最大限の力量、渾身の力を発揮することによってのみ、「立場の転換」は可能となるのです。

マキャヴェリはこのことを、「緊急非常事態における力量（virtù di necessità）」と言っています。言い換えれば、「運命」との出会いに対し、怯《ひる》むことなく、前向きに問題を解決しようとする姿勢を持つことなのです。その時、この必死の知恵が湧き出て、さらなる発展に向けて「運命」を乗り越えていけるのです。

人事の世界、歴史の流れも人間の在り方をも支配している運命との闘いにおいて、人生の生き方はいかにあるべきか、この洞察に富むマキャヴェリの教えを、私共は深く噛みしめたいと思っています。

最後に、今や世紀の狭間で、世界もわが国もこれまで経験したこともない激動の時代に直面しています。いわば、運命の波が氾濫し、激流となって押し寄せてきています。今こそ、この激動、この大きな変化を「好機」として捉え、「立場の転換」を果敢に決行し、政府はその政策理念に、企業はその経営戦略に、新機軸を打ち出す情熱と努力、すなわち「根」と「縁」を最大に発揮し、新しい軌道を構築しなければなりません。
九十年代、運命の女神のいたずらか、バブルの波間に沈みかけた日は、二十一世紀の夜明けとともに、「日はまた昇る」ことを祈念し、また確信しつつ……。

（「如水会会報」二〇〇一年六月号を改訂）

百歳まで生きるぞ

姉の急死。

彼女は数え九十七歳まで生きた。自分も少なくともあと五年は生きる。

ようし、百まで生きるぞ。

何のために？

①愛する子供たちのために。

②生涯青春塾で人生の「生き方」のスピーチで受講者の女性たちの反響に対するReplyが四行詩となって……もう四十人近く、その他の女性を含めてかれこれ五十人の人たちのために。

③若い研究者から私を「生き証人」としてインタビューの申し入れが次から次とあるので、その人たちのために。

何となく生き甲斐を感ずるにつれて、日常生活の反省と発展。
①体力……湯上りの軽い体操。毎日、郵便局往復一千歩。
②気力……歌を歌う（声を出す）。
③知力……読書一万冊。

（死後見つかったメモより　二〇〇二・十・十の日付入り）

注：一九九七年六月に聿子夫人が亡くなって一人暮らしを始めた與一氏に、次女の慶子さんが「友人たちに講義をしてくれないか」と頼んで、年に二、三回、氏の自宅などで開かれていた女性だけの勉強会を「生涯青春塾」といった。慶子さんの友人だけでなく、夫人の茶会のグループ、長女瑛子さんらのグループ、妹たちのグループへとメンバーも広がった。第一回のテーマは「哲学」、第二回が「対話の世界」だった。会の後、参加者たちの礼状や感想に必ず返事を書き、以後「書簡集ができるほど」の文通を続けている会員もいるという。会の冒頭には氏が作った「生涯青春塾の開塾によせて」（三三二頁参照）をご自身が大声で歌った。

一日はかくて過ぎゆく

朝の目覚めは11時
ふたりの娘がそれぞれに
口うがい、熱いタオルで
顔、首、頭、両手拭きは手馴れたもの
「ノニ」は口にふくんでゆっくりと
ベッドを少し持ち上げて
背中に座布団《ざぶとん》、背筋を伸ばす
疲れのとれた体温はいつも6度台
朝の新聞に目を通し
12時ころに応接間へ

朝ごはんは12時半

カロリーメイトか柔らかなお粥
蛋白質は豆乳と黄身《きみ》卵
野菜、果物、栄太楼のあんみつ

昼寝はソファーで2時間余
おめざとともに、待ち構えたふたりの娘
足くび、土踏まず、脚、腰、背中
首根ッこまでの全身摩擦
さすり、さすり、さすり
熱いタオルで顔を拭く
これですっかり目が覚める

夕ごはんは7時過ぎ
テレビ視ながらゆっくりと
やわらかいお粥に盛り沢山の

喰べ切れぬ献立
9時を過ぎれば寝室へ移動
その直前に入れ歯上下の手入れを
洗面所でていねいに
熱いタオルで顔を拭き
すっかり着替えて、さっぱり、さっぱり
体温は一寸上って7度1分
就寝時間は午後11時

きのうまた　かくて　ありけり
きょうもまた　かくて　ありなん
この生命《いのち》　何をあくせく
明日をのみ思いわずろう

（藤村）

（死後見つかったメモより　二〇〇三・八・三の日付入り）

Column

「一垣会誌」卒寿記念号より

江古田、南軽井沢、伊東のこと

南　昌宏
（昭和二十八年卒）

戦後進駐軍に接収されていた南軽井沢の別荘が返還されたのは、われわれが学部三年を迎える少し前だった。来年は別荘を維持できるかどうかわからないから、この夏は別荘生活を皆で楽しみましょう、と奥様からお誘いがあった。早速われわれは別荘の下見と掃除のため、六月半ばのまだ寒さの残る南軽井沢に出かけた。その夏、私は一月《ひとつき》近く先生やご家族とともに別荘で過ごし、先生のご指導を得て「マキャヴェリの生涯年譜」を仕上げることになった。これが私の卒論の主要部分となった。別荘では食事から買物や散歩に出かけるのもご家族と一緒だった。さわやかな空気と刻々変わる浅間山を愛でながら過ごした南軽井沢での生活は充実していた。

伊東の良東泉《りょうとうせん》は先生が時折籠る仕事場であり、ゼミナリステンの旅行でも利用した霊泉の湧く小宿であった。ここの女将は奥様の同窓生と伺っている。『太平洋戦争原因論』という論文集の中で、石油問題を先生が担当されることになり、成塚君と私の二人が手伝うことになった。外務省関係の資料を集め、先生とともにこの良東泉に数日滞在して、先生のご指示に基づき資料整理を行なった。取りまとめの段階になると、先生は連日徹夜で論文をまとめられた。われわれ二人は、傍らで先生の学究にともに参加しているという喜びを感じた。

顧みて、敬愛する先生の身近で過ごす機会により多く恵まれた幸運をしみじみ感ずる。先生の傍らにいることは学問に触れていることであり、それが私の人生の糧となった。そしてつくづく思うのは、この幸運に恵まれたのは奥様あればこそということである。江古田でも南軽井沢でも、奥様をリーダーとするご家族との合宿生活のようだった。卒業の際、冗談めかしに「あなた方が学生のまま残ってくれればいいのに」と言われた奥様の言葉を懐かしく思い出す。今は亡き奥様に感謝を捧げるとともに心からご冥福を祈る。

Column

「一垣会誌」卒寿記念号より

先生の若さ、明るさ、健康

増淵悦男
（昭和二十八年卒）

「自己の中に永遠を」「死ぬまで生きる」「前を向いて　遠くを見て　今が大切　努めて熄《や》むな」

先生の思いを込められた文言で、私の一日一日を生かしていただいている。先生の「明るさ」が、ずしんとくる。その明るさは自分を主張すると同時に、相手の立場に立っての思いやりの心で対話できる実力であり、先生の対話共存の自信に基づく、心の余裕であろうと拝察している。また、短い文言で意を見事に込められる。入社試験に当たっての私への紹介状はその一つであり、即日合格の要因と信じています。

先生は八千代国際大学の建学に奔走されて、「新入生諸君に期待する」と題した八八年の春の開校に当たっての式辞を、八八年六月に如水会館のバーで集まったゼミ生に朗読された。私の日記に「その内容の明るさ、口調の若さに感激」とある。そしてその場で「やがて第一回生を社会人として世に送り出すが、試験に耐えられる学生を選ぶから、よくチェックして欲しい」と言われた。その言葉通りに、推薦状をつけられてきた第一回生を採用することになった。同じテーマを長くフォロー出来るのは「若さ」の証明です。
その学生が今や当社の第一線。その実力が九七年秋に社内報に掲載されたのでお手紙した。先生の返信は「巻頭メッセージに私も現場にいるような気分で、思わず気合をかけられ、襟を正すというよりも、はじめて目が覚める思いでした。金子豊君が、期待に背かぬ販売最前線での大活躍振りに近来にない感激にひたる」と。

先生は卒寿を「精神的な若さ、明るさ、そして健康の三拍子」で迎えられる。その要因は私はこう思って、私自身の教訓として少しでも実践し続けたい。

若さ：その秘密は目標管理の実践であり、自分自身で、いつまで何をやる、と課題すること。出来なければ不眠でもやる

明るさ：対話共存の自信に基づく心の余裕

健康：一病息災　生活のペースを守る

Column

「一垣会誌」卒寿記念号より

無限の愛

森田純穂
（昭和三十年卒）

もう二十年近く以前から、お正月の三日に、江古田の方へお伺いすることもあったが、先生ご夫妻には主として夏の軽井沢でほぼ毎年お目にかかることにしていた。

四十余年何ら為すところのない不肖の弟子である私は、卒業に際しては唯々発展途上国の経済発展にはインフラの整備が必要であり、そのためにはセメントの供給が何よりの急務との単純な考えでセメント会社に入り、入社後約十五年程してから念願のセメント輸出の業務に携わるようになっていた。

その私のその年の東南アジアや中近東諸国などへの出張での話を、毎夏の軽井沢で先生ご夫妻に申し上げるのが常であった。先生はいつも温顔を湛え、時に鋭い質問などされながらも、楽しそうに話をきいて下さっていた。

ある年私は米国のＪＶの責任者となり、シアトルへ赴任することになった。米国の方々とは幅広く交流し、親しい友人も沢山つくろうと考えていろいろ準備もしたが、その一つに茶道があった。家内は若干の心得があったが私は全くのど素人だったので、奥様に一度でもよいからご指導をお受けしたいものと思い、渡米のご挨拶旁お茶のいただきかたを教えて下さるようお願いした。奥様はさぞお困りだったろうに快く迎えて下さり、「お茶はおいしく召し上がればよいのです」とおっしゃって下さった。そしてお心のこもった送別の宴を催し、私共夫婦を励まして下さった。

もう学生時代から四十余年になるのだが、その間先生ご夫妻にお目に掛かるといつもいつも不思議な気持になる。若い時はむしろ気付かなかったが、だんだんと歳を取るにつれてわかってきた。それは、先生ご夫妻に愛されているということなのである。多分これは、私だけのことではあるまいが、何か、抱きしめられているような感覚である。

今にして漸くわかった。先生の学問の原点は、人間を愛することなのである。特に、貧しい発展途上国の人々を限りなく愛する先生の心が、先生の生涯を貫き、先生の教えを受ける人々を動かし、それは計り知れぬ大きな力となっているのだ。

思いがけず奥様に先に逝かれてしまった先生。さぞ深いお悲しみであろうに、その奥様のご立派な最後の日々を淡々と語られる先生。もう卒寿をお迎えになろうというのに、お一人で自己を支えておられる先生。あの強さは何なのか!?

きっと寂しくしておられるのではないかと先生をお励まししようと思って訪れる私が、今日も先生に元気付けられて帰宅したのである。

Column

「一垣会誌」卒寿記念号より

自己と対決、他人と対話

小笹　彰
（昭和四十年卒）

「私って本当にそそっかしいのよね。今バスで席に坐って、ふと前を見ると私より肥った方がいらしたの。あらまあと思いながら、よく見たら窓ガラスに映った私の姿だったの。本当にイヤになっちゃうわ」。先生の奥様は、屈託なく笑いながら病室に入って来られて、私達にこう話された。先生と私は話題に途切れ、沈黙の時が過ぎていた時だったので、これを察した奥様のお話は、病室の空気を和ませた。

私は子供の頃から、先生のご自宅から十分と離れていない所に住んでおり、先生ご一家のお話は我が家のかかりつけの医者からうかがっていた。運良く一橋大に入学すると毎日、先生の家の大きなシュロの樹を眺めながら、私はバスで中野駅に出た。四年生の春休み、先生から「学会の準備をしているが、時間がないので手伝って欲しい」と電話をいただいた。先生は英語の原稿をセッセと書いておられた。私は何をお手伝いしたか覚えていないが、多分英文の清書だったと思う。徹夜で書きあげられた原稿を、私は日本橋の野村證券の加々美先輩のもとにお届けした。コピーをとるためである。乾式コピー機はまだ大企業にしか置かれていなかった頃である。地下鉄の車内は暖かく、睡魔に襲われながら、原稿を落とすまいと胸に抱え必死だった。その原稿を空港に届け、先生は無事出発された。

イタリア・コモ湖畔でのベラージオ国際会議から帰国された直後、先生は十二指腸潰瘍で入院された。丁度お孫さんのお誕生の時と重なり、私は先生の入院準備をお手伝いし、寝具を運んだりした。

手術直後、病室を見舞うと、灯りをおとしたほのの暗い部屋で、何本もの管を体につけられた先生は、静かに眠っておられた。かたわらで、奥様が両手で先生の手をしっかりと握り、何かを語りかけているようであった。そこには私が入り込んではいけないような空気があった。ご夫妻の愛を垣間見たようで、学生の私の心は熱くなっていた。

後年、先生から「自己と対決、他人と対話」というお言葉をいただいた。そしてさらに対話の精神は、相手の立場に立って物を考えることですよ、と教えられた。この言葉を想い出すたび、いつも病室でのこの二つの情景がダブるのである。

第二章　父・板垣外次郎伝

——釣四三『流れの道』より

與一氏の父は板垣外次郎氏といって、富山県新湊の漁師の家に生まれたが、のち樺太に渡り、酒造業を興して成功した人である。氏の従弟、釣四三氏は一九九六年、自伝『流れの道』を発表している。その中には、外次郎氏のドラマチックな人生が生き生きと描かれている。與一氏の幼い頃の境遇を知るにも格好の資料となっている。その一部を抜粋してみた。

外次郎誕生の地新湊

わが家の先祖は、富山県射水《いみず》郡新湊放生津《ほうじょうづ》町二〇〇三番地に代々居住し、明治二十六年に二三六〇番地に移り、明治三十五年に二〇三五番地に転居し、現在に至っている。この地番は現在は新湊市奈呉町になっていて、新湊川の河口に近く、私（釣四三）の少年の頃は奈呉町から対岸の古新町まで大きな木橋で中央が太鼓張りの高い橋が架けられており、橋詰めに魚市場があった。この魚市場は昔からの魚問屋であり、その関係で「問屋の橋」と呼んでいた。この橋詰めから十五、六軒、東の方の裏通りに先祖のおられた家があったそうで、「この家ですよ」と母方荒谷家の祖母に教えられたことがある。

河口から東方の浜辺を奈呉の浦といい、その海辺に立って青松の間から見渡せば左方遠く能登半島が浮かび、右方を眺めれば白雪の立山連峰が富山湾に迫る景勝地で、昔、伏木の国府に在任した武人で歌人としても知られた大伴家持卿がこの景勝を賞でて歌に詠まれたところである。

あゆの風　いたく吹くらし　奈呉の海　人の釣する小舟　こぎ隠る見ゆ

わが家は通称「與三平さ《よそべい》」と呼ばれていた。祖父の名が與三平なのでそう呼ばれるのかと思っていたが、古くからの戸籍を調べてみると、祖父の父も與三平であり、代々の戸主は世襲名として與三平を名乗ったものと思われる。

祖父は四男であるが、嘉永三年生まれで、明治六年、相続して釣與三平となっている。おそらくこの時が明治四年の戸籍法制定により、初めて「釣」という姓をつけたものと思われる。浄蓮寺の住職より、與三平さは代々漁師であるから「釣」を姓とするように言われたと聞いている。新湊には職業を姓とした家がまことに多く、私の小学校時代の同級生に「菓子」とか「桶屋」という姓の人もいた。

釣家は代々魚問屋の役付きであり、家業は漁業に従事していた。沖から漁を終えて船が帰り着くと、銅鑼《どら》の合図で家族が浜へ飛び出して行き、総出で漁獲の始末に働いたそうである。

祖母・りのは、嘉永二年、回船問屋・板垣又右エ門の長女として生まれ、明治十一年、祖父と結婚した。一人娘を嫁に出せば板垣家の跡が途絶えるとしてなかなか許されず、結局、二人の間に最初に生まれた子どもに男女を問わず、板垣家の名跡を継がせることで両家の話し合いが成立し、入籍することができた。

板垣姓を継ぎ家業に従事

のちに長男・外次郎（戸籍上では次男）が明治十三年（のち十一年に訂正している）十二月十七日に生まれているが、板垣家の名跡を継ぎ、養子となるのは明治二十一年（一八八八年）である。

伯父（板垣外次郎）は小学校を終えるとすぐに家業に従事したのではないだろうか。大変な努力家で、研究心旺盛、篤実な中にも進取の気性を秘めた人で、十六、七歳の頃からブリやイワシの大敷網の船頭を務めた。海の荒くれ男が大勢いる中で、経験不足と見られがちな若さで何十人かの漁師を統率して一船を預かり、自ら操船指揮をとったのであるから、漁師としての網立て、操船の技術は抜群であったらしい。

伯父は北海道のニシン漁に関心を持ち、明治三十一年、利尻島鬼脇村に渡って米・味噌や縄むしろの漁業資材を漁獲物と交換で貸し付ける商売を始めた。

ある時、ニシン漁の魚粕を炊く薪《まき》を運搬するべく、六尋《ひろ》六尺の船を出した。対岸の天塩港は現在の汽船であれば二時間余の距離だが、当時は帆を張り、櫂で漕いだ時代である。積荷を終えて帰途、東風が猛烈に吹き荒れて帆を張ることもできず、島へ近づくにしたがって風に雪を交えた大時化《おおしけ》である。船は浸水甚だしく水船となり、北海道の三月上旬の寒気である。伯父は死を覚悟したが、必死の操船で転覆を免れ、なんとか着岸したという。

だが、商売の方は三年間の不漁続きで莫大な負債ができてしまった。この返済について祖母は相当苦慮し、出世前の子供たちにこの負債を残すことは忍びないとして、板垣、釣両家の家産の一切を処分して負債を返済した。この時、代々住みついた家から二〇三五番地に転居したのである。この母の苦悩を見た外次郎、弟・久次郎（四三の父親）の二人は、なんとしてもわが家の再興をと決心したそうである。

漁の指導に石巻へ

明治三十四年になって、日清戦争以来、特に産業興隆一途に進みつつある世情の中で、貧しい農漁村の若人は、国内においていくら汗水を流して働いても現在の生活からの向上は難しく、それよりも新天地の海外に出稼ぎに行き、故郷に錦を飾ると夢を追う時代背景が濃厚であった。

伯父も将来への模索の中で、自分も海外に出たいと考えつつあった時、たまたま親しい友人の一人がアメリカへ移民として出稼ぎに行く話を聞き、自分も共に行く決心をした。しかし、諸準備をして神戸港に着いてみると船の出港日時が早まり、友人は前日の船で出立した後であった。

伯父の落胆と悲嘆は言葉では尽くし得ぬものがあったろうと思われる。やむなく新湊に帰り、しばらくたってから、宮城県庁からブリの一本釣の指導教師の話があり、技術、人柄共に伯父が適任として推薦され、石巻に行くことになった。

海岸線の入り込みの多い青松、海に影差す陸中海岸、白浜の石巻湾沿岸の村々を巡回し、指導に歩いたのだが、その要点は釣餌にあった。この地方の従来の餌はイワシ、サンマ、イカの切り身であった。伯父は、生きた餌でないと効果がないことを知っていて、わざわざ生簀《いけす》に生きたイカを泳がせておき、これを餌として持って行かせた。また、餌を釣り針に掛けても、イカが海中で自然のごとくであらねばならないので、餌の掛け方にも要領と習熟を要するのである。今日では各県の水産試験所で魚の習性も研究されているが、当時は秘法的な技法として秘匿されがちであった。

伯父と伯母の結婚は明治三十六年で、実際に結婚した月日は詳らかでないが、長女・よしいが出生した明治三十七年（一九〇四年）十二月十三日に、伯母・さの十七歳が、長女の出生届けと共に入籍している。

伯母の実家荒谷家は、明治以前に荒屋村の名主を務めた家柄であった。伯母は才気を内に秘め、気の勝った人で、己を律する厳しい女性であった。ただ惜しいことに文字を身につけていない。このことは伯母の少女時代に、女の子は文字を学ぶ必要がないとして箱入り娘で学校に上げてもらえなかったと聞いている。伯母はそれだけに文字への憧れと執着が強く、新聞や本を読み聞かせてもらうことが好きであった。後年、仮名文字は書けるようになり、私も一、二度、手紙をもらったことがある。

伯父一家は、一家を挙げて石巻の「さしの浜」にイカ漁とスルメ製造に従事し、冬になると新湊に帰郷するという生活をしていた。当時は新湊から北陸線で直江津に出て、信越線経由、東北線に乗り換えて仙台着、仙台から石巻まで十八里余り、途中塩釜の問屋関係に立ち寄り、幼児を背負って徒歩で行ったと聞いている（與一氏は明治四十一年に生まれている）。

今はアスファルト道だが、明治時代の道は藩政時代のもので、唯一の開港場である石巻への主要街道だが、小石まじりの十八里の道のりは、幼児の與一従兄を背負った伯母は相当苦労したであろう。このように努力しても、生計は維持できても家産を挽回させるような金は儲からなかったらしい。

事業への夢を抱き樺太へ

日露戦争後、日本領土となった樺太は、明治三十八年に国境の策定も終わり、島へ渡る邦人もようやく多くなった。北緯五十度以南が日本領になった樺太は、台湾島よりやや大きく、面積は日本全土の約十分の一である。林産資源は千古斧の入らざる森林で、鉱産物の石炭は無尽蔵と言われ、漁業、特にニシン漁は北海道のニシンが漸次北上しつつある中で、全島至るところで豊漁であった。伯父の石巻時代は、努力しても思うような成果も期待できず、人伝に聞く新領土樺太の活況に、心は次第に動き、渡島を決意したのである。

明治四十三年春、前年末に海軍を満期除隊した弟久次郎と共に、長さ六間余りの川崎船を仕立て、物資を積み込み、樺太目指し、新湊を船出して帆走し、一路日本海を北上した。

大泊付近のニシン漁の状況を視察した伯父は、創業の根拠地を久春内《くしゅんない》村に決め、翌春の漁の準備を進める傍ら、ニシン製品や海産物の仲買をして、久次郎と共に新湊に帰ったのである。

翌四十四年の春、伏木港からむしろ、縄、米・味噌などの漁場資材を送り出し、祖父弟夫婦と共に小樽港から再度渡島した。ニシン漁には、浜にいて炊事する女性が必要で、ニシンの群れが来ると夜昼の区別なく漁獲に立ち働くので、食事も三度の区別はない。今の若妻では到底真似のできないことであった。

そのまま現地で越年した久次郎からの便りで、新湊に戻っていた伯父は、四十五年の春から高塚氏と共同で艀《はしけ》回漕業を始めようと決断した。漁夫兼艀夫として新湊から縁戚知人を雇い入れ、早々に久春内に渡り、北浜町の海浜に「板垣艀部」の看板を出したのである。

漁業と艀回漕の仕事は専ら久次郎に任せ、伯父は初志通り商人として海産品の仲買を行なった。春には伏木港から販売する漁業資材を積み送り、秋になると自家収獲した海産物や仲買した海産物を伏木港まで送りつけ、新湊に帰って売りさばき、翌年の仕入れを手配しながら家族と暮らすという状況であった。

大正四年の夏、伯父は泊居《とまりおる》北本町二丁目の山形屋旅館に宿泊中、当時山下町一丁目で「日の出正宗」と銘を打つ百二十石程度の酒造店が売りに出されると聞いた。早速これを買収する決心をして、所持する金で手金を打ち、残金の支払いと経営資金の調達を伯母の実家・荒谷家に相談した。荒谷家や取引先から絶大なる支援を受けて、伯父は日の出正宗醸造元開業の運びに至った。

家族を呼び寄せ酒造を創業

伯父は大正四年十月末、郷里新湊から妻、長女、長男・與一を呼び寄せた。伯母たちは小樽港からの船の旅である。秋の天候の変わりやすい荒天時の航海で、船酔いのために相当苦しまされたらしい。しかも時化のために泊居には上陸できず、久春内に来てようやく上陸できたのである。天候回復を待って、馬ぞりで泊居町に向かった。初冬の季節の中でも快晴であったが寒気は厳しく、後年のように客ぞりはなく、荷馬ぞりにむしろを敷いた上に伯母とよしい従姉が角巻を着て座っていた記憶がある。

創業の苦心は大変なものである。パルプ工場の操業開始に伴い、人口は急激に増え、明治末から大正初めにかけて逐次、町体制への整備も進み、酒の売り上げも伸びてくる。買収時の設備では間に合わず、酒蔵の増設、店舗の改築など、寝る暇もないというのはこの頃の伯父夫婦のことであったと思われる。

大正六年三月発行の泊居町誌には、買収した創業時の店舗の写真入りで、左記の通り記載されている。

「酒造店・日の出正宗醸造元、米穀荒物海産物商、合資会社代表者板垣外次郎氏は富山県出身にして、昨年十月当地に来たり、新たに開業したる人にして、資性謹直にして頗《すこぶ》る業務に熱中し、杜氏田中吉三郎氏、多年の老功積みたる人にて、醸造する日の出正宗は殆ど大阪酒に異ならざるの世評あり……」

その後伯父は板垣酒造店として独立し、店の看板を書き換えることになった。

長男の與一従兄は小学校五年生で学業優等、その上、手跡もよく、いつも甲の上である。この目出度い独立記念の六尺白木の立て看板に、與一従兄は太い筆で「板垣酒造店」と見事一気に書き上げた。満足そうな伯父夫妻、店員や蔵の人たちの感嘆している光景は、今に至ってもはっきりと浮かんでくる。

この年は、働き盛りの伯父にとって開運の年である。酒造石数も八百石余と発展し、長女・よしいは小樽の実践女学校に進学し、泊居町に公設消防団が設置されるや第一部の部頭に選ばれ、数年後、組頭に推されて就任する。

大正九年、領有以来植民地としての樺太も町村会議員法が布かれ、伯父は町会議員に選出され、町の金融機関として信用組合一徳社が設立されるや、その役員として参与し、後年、組合長として尽力するのである。

長男・與一、高岡の商業学校入学

秋になって、長男・與一従兄の進路について、伯父は中学を卒業させたら家業を継がせる考えで、高岡商業学校に入学させるべく、新湊の伯母の実家荒谷家に旅立たせた。

大正十五年春、與一従兄は高岡商業学校を優等の成績で卒業し、小樽高等商業学校へ無試験入学した。

この年、伯父は報恩の意をこめて、生まれ故郷新湊奈呉町の村社に御影石の手水鉢を寄進し、與一従兄の母校である二の丸小学校に荒谷家の祖父を介して、御真影の奉安殿を寄贈した。落成式に祖父と塩谷校長が並んで撮った写真が送られてきたが、この奉安殿も終戦後、台座の礎石のみを残して取り壊され、往時を偲ぶ跡もない。

昭和に入り、世は不況時代になったが伯父の商売はますます順調で、泊居の町に家作を二十数軒と久春内、珍内、恵須町にも数十軒の貸家を持つに至った。

後年伯父は私に、こう語った。

「商人が人から資金を借りて商売をしている場合、引け目を感じてその貸主の家を避けがちになるものだ。殊に返済が滞りがちになると尚更である。しかし、このような場合こそ、自分の元気な姿を殊更に貸主に見せる必要があるのだ。貸主の家が少々遠回りであっても、その家の前を通り、大きな声で挨拶して通るべきである。そうされると貸主は安心する。その誠実な心があれば必ず返済もできるし、また商人として成功するものである」

そういえば、伯父は夜、帳場に座って帳合いを終わってから、支援者たちに状況報告を兼ねて再三手紙を書き、伯母にその内容を読み聞かせていた姿を今も懐かしく思い出すことができる。

満州で鉱山業を始める

昭和六年の満州事変以後、日本経済も昭和初期からの恐慌時代を脱し、満州国の成立で軍需産業も活発になり、国内外の政治情勢は別として、第一次世界大戦以来の景気の明るさを取り戻しつつあった。このような景気の中で、伯父に紅粉叔父から満州清津で金鉱山を経営したいので資金を貸してほしいと要請があった。

昭和九年、伯父は自ら清津に出かけたが、その滞在中、自らの事業として経営する決心をしたようである。秋になって私と藤十郎叔父が伯父の指示で清津に行き、鉱山業に従事したが、私たちは甚だ無知なものであった。しかし、隣接する三菱青岩金山と山続きであるということで、夢と希望だけは持っていたのである。

昭和十年（一九三五年）五月、大連市の貿易商である素封家・瓜谷長造氏の長女・里子さんと與一従兄の婚約が目出度く調い、その挙式が行なわれることになった。伯父としては学者を目指す長男は一家の誇りであり、自慢の息子でもある。式はできるだけ盛大にとの親心から、東京・帝国ホテルで挙行された。

伯父の身辺は樺太、満州と多忙を極め、特に満州での事業は糟糠の妻の反対を押し切って着手したことでもあり、その苦境を世間に知られてはならぬという苦衷は大変なものであったと思われる。伯父も還暦を迎え、一代の事業を締めくくるべく売山を決心したようだが、まだ公表はできなかった。

その頃の朝鮮半島の秋は空も澄み切ってまことに清々しい。伯父と二人で清津の街へ下山する途中、駱駝山の山頂に腰を下ろして、しばし夕陽の沈む海上を眺めていたが、数十隻のイワ

シ巾着網漁の情景に、伯父の心中は感慨無量であったろう。ややたって私の名を呼び、
「これまで鉱山に注ぎ込んだ金でイワシ漁をやっておればのう……」
と洩らした。私は鉱山の現状を少しでも有利な状況に維持しつつ、一日でも早く売山すべきであると言い、伯父も改めて決心したようである。

昭和十四年八月二十日、伯父は胃がんを手術したものの余病を併発し、六十四歳の生涯を終えた。

伯父の生涯は、青少年の時代から家運挽回のため、艱難辛苦の努力を尽くし、事に処しては誠実に、また根気も強く、人に接しては温和篤行、皆その人柄を惜しんだものである。

第三章　回想断片

氏は一九〇八年、富山県新湊に生まれたが、尋常小学校一年で樺太に転校、五年後に受験のために新湊に戻って母方の実家に預けられた。以後は高岡商業、小樽高等商業を経て二九年に東京商科大学（のちの一橋大学）に入学している。樺太の酒屋の息子がなぜ学者になったのか。その謎は、大正末期から昭和初頭にかけての学問の道がいかに魅力的であったかを描く、以下の青春記が解き明かしてくれる。

幼少の頃

「過去に生きる」といっても、「十有五にして」ではなく、漸く「二十にして学に志し」た私の過去には、三十代から五十代にかけて、処女作や受賞作をめぐる学問遍歴につながる、働き盛りの過去もある。しかし卒寿ともなれば、その時代の過去への思いよりも、いまだ西も東もわからない幼少年時代の思い出にこそ、真の心の安らぎを覚える。

日本勝った　日本勝った　ロシヤ敗けた
ロシヤの兵隊　腰抜けだ
おまけに軍艦　底抜けた
日本万歳　万々歳

一足《ひと》、二足《ふた》、前へ進んだり後に退《さが》ったり、歌の調子に合わせながら、地面をトントン強く打つ。この歌が背中の赤ん坊をあやす子守唄にもなり、もの心ついた子供の頃、近所の友達と一緒に歌い興ずる歌でもあった。日露戦争の勝利を祝う提灯行列の時、歌ったこの歌が、その後も長く独り歩きをしていた。

夏がくると母は直ぐ裏手に続く砂浜に私を連れ出し、「泳ぎを知らん男の子はダチャカン（駄目ですよ）」と、海水を身体にかけて、波打ち際でバタバタ泳ぎをさせた。そのうちに四、五メートルから十メートルくらいは、半分もぐりながらのバタ泳ぎを覚えた。

やがて小学校へ入る七歳頃までに、今度は海水ではなく淡水の、かなり流れの早い新湊川を、向う岸まで泳ぎ切る試験をする慣習があった。大勢の人が足を止めて橋の上から見守る中で、かなり水を呑んだようだが流されることもなく、向う岸へやっと辿り着き、この試験に合格したので、赤飯の祝いをしてもらった嬉しい記憶がある。

私がもの心ついた頃の家の生活は貧しかった。母はほの暗いランプの光で、糸車の輪を廻しながら、夜なべに麻糸を紡ぐ賃仕事に精を出していた。私はそばでランプのほやの煤払いを手伝ったりした。しかし、ひもじい思いをした記憶はまったくない。

五、六歳になった頃、近所の友達が集まって、パコ（メンコ）といって、玄関の敷居の上で交替にパコを強く打って、相手のパコを敷居から打ち落すと、そのパコを自分のものとする遊びのことで、これを毎日のようにやった。その都度、私はほとんど負けたことがなく、いつもパコを独り占めにして得意だった。十枚一銭のパコを十二枚一銭で売って、少しばかりお金を儲けたこともある。

また、「やめなさい、やめなさい」と言われたのに、子供心に少しでもお金を儲けようと、竹の串に刺したどじょうの蒲焼きを、近所で買い求め、それを入れた箱の紐を首にかけて、街へ売りに出た。人通りのないところでは、「どじょうの蒲焼き、どじょうのツンホイ（串刺しのこと）」と、大きな声で叫んだが、人がやってくると、なんとなく気恥ずかしいのか、声があげられず、やり過ごしてから、大きな声を張り上げても、誰一人《ひとり》呼びとめてくれなかった。

夕方近くなり、なんだか心細くなって、橋の欄干に寄りかかり、川の流れを眺めているうちに、腹が減ってきたので、思わず箱の蓋をあけ、一串喰べたらとても美味しいので、また一本、また一本と、ほとんど空になった箱を抱えて、しょんぼり家に帰った。「そいやけネ、やめっしぇといったネケ」と、言われただけで別に叱られなかった。しかし、いっぺんで懲りてしまったので、それっきり蒲焼き売りは口にしなかった。

小学生の頃

数え年の八歳となり新湊小学校に入学した。学校は家から近く、歩いて十二、三分の距離だった。最初の習字の時間に、生まれて初めて手にした筆で、どんな字を何字書いたか正確には憶えていないが、どの字にも大きな二重丸がついていた。家に帰って母から大変賞められたことが忘れられない。

私のもの心ついた頃から、父は外で〈北海道利尻島、礼文島での鰊漁、仙台塩釜沿岸差《さし》の浜の漁村で、金華山沖の鰤釣り教師〈宮城県庁嘱託〉など〉働いていて、ほとんど家を留守にしていた。

そうこうしているうちに、父は樺太西海岸の久春内《くしゅんない》で、鰊漁で成功をおさめた。しかし、漁業一筋に歩いてきた自分の過去を振り返り、この世界での成功も失敗も、すべてその時の天候次第というういわば運任せで、人間の努力の積み重ねの結果ではないことを、つくづく悟ることになった。そこでほぼ目安のついた漁業は、海軍から除隊したばかりの弟（釣久次郎）に任せて、久春内から南八里（三十二キロ）の泊居町《とまりおる》で、酒造業を始めることになった。

泊居町は、大川平三郎氏によって創業された樺太工業株式会社本社パルプ工場の所在地で、町は賑わい活気に溢れていた。大正五年（一九一六年）十月、父は山下町の一角で「日の出正宗」の醸造業と、米穀、荒物、海産物卸売商を営むことになった。創業時の造石数は三百石、三年後には千石酒屋となり、漸く一人前になったと、父は誇らし気に口にしていた。

同年十月末、父は樺太へ家族を呼びよせたので、母と姉・よしい（五年生）と私（一年生）の三人が、小樽港から天佑丸（千噸《トン》くらい）に乗船した。航海中、時化《しけ》のため眩暈《めまい》がするほど船が揺れた。目的地の泊居には上陸できず、久春内で下船した。数日滞在後の十一月初旬、雪の降り積った海岸沿いの羊腸たる山道を、馬橇に揺られ毛布を頭から被って、泊居町の父の許へ辿り着いた。

樺太の厳冬の寒さは、生まれ故郷では経験したこともない骨の髄まで凍るほどの寒さだった。十一月ともなれば、吹雪で降り積った大雪は屋根までとどいた。あまり寒いのでしばしば風邪を引いた。それでも学校は休みたくないので無理して登校したため、ついに風邪をこじらせて気管支喘息にかかり、それ以来長らく私の持病となった。

父や母のいいつけはよく守った。

父のいいつけで、凍てつく滑り易い雪道を、夜おそく郵便局のポストへ、ハガキや手紙を入れに行った。今夜中に出しておけば、翌朝一番の収集に間に合い、一日早く先方へ届く、というのが父の教えであった。

母のいいつけで、毎朝早く誰も起きていないうちに、ストーブの薪《まき》に火を点《つ》ける役目が、私の日課とされた。

学校から帰ると、姉と一緒に、リヤカーを引いて得意先から空樽を集める樽拾いもやった。四年生の頃だったと思うが、独りで樽集めをして帰る途中、松ヶ枝町の原っぱで、折からの強い寒風に煽られ、懐中の懐炉から突然に火が吹き、急いで揉み消したが、ふところの一部が焦げて穴があいたこともあった。

教室は一年の時から男女共学で、五年生の頃、男子、女子ともほぼ半々の五十名くらいだった。平素親しい友として思い出すのは、洋品店の大浦力藏君、豆腐屋の西山忠雄君、牛乳屋の岡山三郎君の三人だった。教室外の女子生徒の前で、西山君と佐竹武雄君が互いに張り合っていた。西山君は体格が大きく議論に負けると直ぐ腕力に訴えた。相手の佐竹君はなかなかの知恵者で、その都度要領よく立ち回った。大浦君は成績十番くらいで温和な性格だった。成績が一番悪い岡山君は、習字の時間に、筆はそのまま机上に置き、用紙をちぎって草のように喰べたり、おまけに墨汁を飲んだりして皆を驚かせた。しかし、気のやさしい愛嬌者だった。私と妙に気が合って、いつも一緒に歩き回った。

担任の佐藤八重肝先生のお宅へは、よく遊びに行った。成績一位、二位の私と東君が、先生に特別目をかけられ、遊びに来い来いと始終二人に声をかけられた。今その写真は手許に残っていないが、紀元節の日に、羽織袴姿の私と東君が両側に立ち、先生が腰かけた記念写真を撮ってもらった。成績一位といっても、学校にもわが家にも、教科書以外にこれという読む本は一冊もないので、私の小学生時代に、雑書乱読の経験はまったくなかった。

大正九年十一月、六年生を中退し、母の実家の荒谷家に預けられ、郷里の二の丸小学校へ転校した。内地の小学校に入ってみてはじめて、樺太とは比較にならぬほどの授業の質の高さに、愕然とし目が覚めた。それから、担任の六渡粂太郎先生の親切な指導のもとに、本気になって受験勉強に励んだ。翌年三月、一番難しいと評判の県立高岡商業学校の入学試験に合格することができた。

商業学校の頃

入学試験

私は大正十年（一九二一年）の春、新湊町の放生津《ほうじょうづ》潟の近くの二の丸小学校を卒業した。私が新湊小学校一年生の秋に、一家をあげて樺太の泊居町に引越すこととなったので、私の小学校教育の大部分は樺太で受けた。そして尋常六年生の二学期から三学期にかけて、私は高岡商業の受験のために、郷里の祖父母の家にあずけられ、近所の二の丸小学校に通うことになった。

私の受持の先生は六渡粂太郎先生だった。大変きびしい先生であった。受験科目は算術、国語、綴方の三つだったので、毎夜先生のお宅に二、三人の友人たちと、一緒に通って、宿題の答案を添削していただいた。雨や雪の晩のつらかったことなど、今は遠い思い出である。

その頃、商業学校の入学試験は一番難しいという評判だった。入試の日取りの一番早いのが商業で、次が中学校、その次が工芸学校であった。父は実業学校を希望していたので、私は商業と工芸を志望した。商業の国語と綴方はどうにかできたが、難関といわれた算術は五題のうち三題しか解けなかった。私は全部の問題に答えられなければ落第とばかり思い込んでいたので、発表はおそろしくて見に行かなかった。工芸の試験にはたしかな手応えがあった。工芸の合格一番という報告の翌日、受持の先生が私の商業合格を知らせてくれた。私は半信半疑でにわかに信ずる気持になれなかったが、やはり嬉しかった。

徒歩通学

教室の雰囲気は小学校の時と比べて一変した。今まで見たこともない英語の教科書、代数、漢文、簿記、商事要綱などといういかめしい教科書が目の前におかれた。豆ランプ、安さん、(鼻の)ぐうすさん等々、先生の愛称やあだ名はその日から憶えたが、あんまり呑気な無駄口ばかりも言っておれなかった。

私の入学当時、新湊から高岡の右の三校に通学していた男子生徒の数は百二十名余で、そのうち商業生は三十数名であった。女学校へ行っていた生徒は四十名を越えていた。大半は汽車通学であったが、私はどうしたわけか（おそらく先輩の影響を受けて）近所の四、五人と誘い合わせ、毎朝五時半に起きて二里の道を徒歩通学することになった。

春の訪れとともに、田畑に毛氈《もうせん》を敷いたように美しく咲き乱れた菜の花や蓮華の花、春霞模糊とたなびく二上山の容姿、むっと草いきれのする長い土手の道、潺々淙々《せんせんそうそう》と音立てて流れる田舎道の小川、疲れて一休みする茶屋の団子とラムネの味、大川橋の欄干に吹きつけるみぞれまじりの雨と風、道なき道を踏みしめて難行する大雪の日——それは忘れもしないある冬の朝のことであった。

しんしんと降り積った夜来の雪は暁方に及んで丈余の高さになり、軒下を伝って辛うじて通行することができるほどだった。友人たちは今日は休校に違いないと言い張って、一人も同行しようとしない。それでも私は学校を休むのが嫌いな性質なので一人で行くことに決めた。雪はやんで空は薄明るかったが、何しろ何十年来の大雪である。足跡一つない庄川の長い土手堤に降り積った深雪に私は足を奪《と》られ、前にも後にも身動きできない破目におちいった時には、さすがに心細くなって泣き出しそうになった。汽車も不通で、能町駅附近で機関車が一台立往生し、車輪のはげしい空廻りの音と、悲しげに吹きならす汽笛の音が私の心細さをいっそう募らせた。雪だるまが転がるように校門に辿り着いてみれば、校舎はガランとして人影はなかった。

「本日休校」の張り紙を見た瞬間、張りつめていた気持が一時にゆるんで、私はその場にすわりこんでしまった。

私の徒歩通学は二年までで、三年からは汽車に乗った。徒歩通学の往復四時間は、私にとって、予習復習のかけがえのない時間であった。英語のスペリングはすべて歩きながら暗記した。

課外活動

柔道は正課である。戸外のスポーツとして、私が最も好んだのは庭球である。その頃、商業の庭球部は強かった。同級の渡辺孝治君や河幸三君が活躍した。野球は中学が最も強く商業は問題にされなかった。商業の野球が強くなってきたのは私の卒業の頃からと記憶する。新湊から商業に通っていた同窓のものが、相集って耀商会を組織して親睦をはかったが、団結の中心はテニスの仲間だった。ラケットを握らない耀商会員は一人もなかった。私も毎日帰宅するやいなや二の丸小学校のコートに立った。テニスを通じて先輩と後輩とのあいだの友情が温められ、深められていった。

私はまた弁論部に所属していた。五年生の時だったと思うが、私は代表に選ばれて北陸三県中等学校弁論大会に出場することになった。私は毎日、八幡宮の裏の堤防の一角に立ち、あたかもデモステネスのごとく、日本海の荒海に向って発声の練習をした。はじめのうちは、松籟の音や潮騒に妨げられて、私の声はむなしく空に消えさるのみであった。そのうちに、はげしい松風や波の音を乗り越えて、自分の声が遠く海の彼方にまで通ってゆくのがわかるようになった。

四高の講堂の壇上に立ち、「徹底の生活」と題して第一声を放った時、私の声があの広い講堂の隅々にまで響き通るように感じた。敦賀商業の代表選手が一位となり、私は三位で入賞した。一位も、二位も論旨はそれほどよかったとも思われなかったが、この二人とも永井柳太郎ばりの美辞麗句と、それにともなう大げさなジェスチャーがうまかった。八幡宮できたえあげた声とその論旨には自信があったが、迂闊にも私はジェスチャーを忘れていた。

高商進学

真剣に勉強するようになったのは三年生になってからである。自分もいつとはなしに上級学校への進学のことを考えていた。一番二番を争っていた五年生の秀才は、高岡の五箇正信さんと新湊出身の宝田甚一さんであった。ある日のこと、昼休みの時間に、五年生の先輩の教室に入ってゆくと、開かれた一冊の英書を取り囲んで四、五人の先輩が文章の解釈をめぐって激論している。その中にあって五箇さんは悠揚せまらざる態度で応答し、英語に関する限り絶対の自信を顔色に浮べていた。五箇さんの使っている英語の辞書は、東京の丸善からとりよせたオックスフォードの英英小辞典であった。これが先輩から受けた私の最初のショックであり最大の刺戟であった。それからは教室で習う英語の教科書はそっちのけにして、山崎貞、小野圭次郎、南日恒太郎、花園兼定、浜林生之助などの英語の参考書を買いあさった。

五箇さんは無試験で名古屋高商へ、宝田さんは試験を受けて神戸高商の難関を突破した。宝田さんは入学後直ぐ特待生となったので町内のもっぱらの評判になった。しかし、その翌年の夏休みに帰省されてまもなく心臓脚気にかかり、年の暮れに急逝された。私は耀商会を代表して弔辞を読んだが、この時ほど大きな心の傷手はなかった。私の祖父はしばしば宝田さんの例をあげて「上の学校へ行く者は死ぬ」といって、私の進学志望をひきとめた。私もはじめは宝田さんのあとを追うて神戸高商の受験を頭に描いていたが「高商へゆくなら樺太に近い小樽高商に入れ」と私の父がすすめてきたので、私は素直にその言葉にしたがった。その当時、商業を三番以内で卒業したものは、東京（一橋）と神戸を除いて、全国の高商はどこでも無試験でとってくれた。もはやはげしい受験勉強の必要もなく、これまでの意気込みも消え失せ、安易な気持で小樽高商の門をくぐることになった。

（「高岡商業高校新聞」一九六二・七・二十）

緑丘懐想

『囚はれたる経済学』

大正十五年（一九二六年）春四月。はじめて小樽駅頭に降り立った私は、一台の古風な客馬橇に身を委ね、煤煙に黒ずんだ雪の坂道を揺られながら、丘の上の寄宿舎に辿り着いた。寄宿舎は正気寮であった。残雪いまだ消えやらぬ落葉樹林を背後に控え、丘の上に一段高く聳え立つこの建物は案外静閑としていた。潺々淙々と流れる雪融けの渓流に淡い郷愁を感じながらも、青春の血たぎる共同生活の楽しさに進んで飛び込んでゆく私であった。私はまもなく同室の斎藤鍵六君を含めて四人の親しい友人を持った。私はまた太田英治さんという三年生の尊敬すべき同県人の先輩を持った。私の緑丘三年の生活はこの五人の友との交遊を通じて、決定的な第一歩を踏み出したといってよい。

入寮後まもなく私はこの尊敬すべき先輩の部屋をおとずれた。第二外語の選択に迷っていた私は、彼に独仏露語のうちいずれを選ぶべきか教示を仰ぐためであった。彼は即座に私に露語を選べと命じた。彼は権威あるものの如くかく命じた。私は何の疑うところもなく露語を選ぶことを決意した。私の素直な受諾に満足そうな微笑を洩らしながら、彼は私の眼の前に一冊の書物を投げ出した。おそるおそるその書物の中扉を開いた私の眼に映った文字は、大西猪之介著『囚はれたる経済学』であった。三日以内に読了して報告せよとの彼の言葉を背にして、私は忽慌と部屋に帰り端座して読み始めた。商業を卒えたばかりの私の幼稚な頭脳にとって、それはまったく別の世界のものであった。私は一所懸命に読んだ。しかし悲しいかな、絢爛たる文章の綾に酔わされながらも、問題の所在や意味を理解することは不可能であった。ほのかに学問の道の嶮しさと悩みにふれたものの、それはまったく未知の世界であった。

三日後、困惑した私の顔色を再び満足そうに眺めながら「これならわかるだろう」と彼が投げ出した書物は、同じ著者の『伊太利亜の旅』であった。私はむさぼるように殆ど徹夜せんばかりに一気に読了した。これは『囚はれたる経済学』とは打って変って読み易く、また心を愉しましむるものであった。次に彼の書架から抜いて示した他の書物は、福田徳三の『社会政策と階級闘争』であった。やがて大西の論文集『人口と国力』を読み、そしてまた逐次刊行せられた『大西猪之介経済学全集』に傾倒し、私の緑丘三年の心の糧は、こうして次第に培われてゆくのであった。

春は長橋に寮友打ち連れて桜花を賞で、初夏には若草萌ゆる石狩の野に鈴蘭の香を慕い、盛夏には銀波踊る蘭島の海辺に遊び、紅葉の秋には余市の林檎摘みに打ち興じ、冬にはスキーに兎狩りにと外的世界のあわただしさに漸く多感なりしその年も暮れようとしたある冬の夜、私の内的生活の成長にとって忘れることのできない一つの大きな出来事が起こった。

ある冬の夜の出来事

読書に倦み疲れた私は、五人の親しい友人の一人青塚孝毅君の部屋の戸を叩いた。戸を開けた瞬間、私は凝然と立ち竦んでしまった。彼の部屋の中は怪しくも夢のような青一色に輝いていた。窓に緑色のカーテンを引き、二つ並んだ本棚には青色の美しい帳《とばり》が下ろされ、机上の羅紗のカヴァーも青、電気スタンドの笠も青、静かに書物から目をそらして私を仰ぎ見た彼の横顔には、哲人の如き憂愁の陰が宿されていた。

二つの本棚には数十冊の書物がいかめしく並んでいた。何よりも私の眼を驚かしたのは岩波の『哲学大辞典』と、あの部厚な高田保馬の『社会学原理』であった。十数冊のゲーテ全集とカント著作集、数々のゲーテやカントに関する研究書、ロスの厖大な哲学史と十数冊の洋書、その他哲学、社会学、経済学、文学、美術、音楽に関する書物がぎっしりとつまっていた。私は机上の電灯の青い光に照らし出されたこれらの書物の背文字を見ただけで圧倒された。彼はカントを論じ、ゲーテを談じ、『若きヴェルテルの悩み』の最終章を独文と対照しながら朗々と読み上げた。彼の机上にひろげられたドイツ原書のヒゲ文字は、私には近づきがたい遠い世界の言葉のように思えた。私より三つ年長の彼はすでに精神的に目醒め、学問的に成長していた。私はまともに彼の顔を仰ぐことはできなかった。瞬間——私の胸の深い奥底より息苦しきまでにこみあげてくる感動の泉——その夜は、精神的興奮と学問的感激に胸ふさがり、輾転反側ついに眠ることができなかった。

その翌日、私は学校の授業を休み、リュックサックを背負って地獄坂を転ぶように駆け降りた。私は街の古本屋を駆け巡って、あの岩波『哲学大辞典』と高田保馬の『社会学原理』およそ私が彼の書架に見覚えのある本を片端から買い集めた。私は無我夢中であった。私は汽車で札幌に行き洋書の古本屋をあたかも夢遊病者の如く探し歩いた。二十数冊の書物をリュックにつめて月明りの地獄坂の雪道を喘ぎながら登っていた。坂の途中で私は肩に食い込むリュックのひもをゆるめながら、振り返って足下に沈む小樽の街の灯の海を眺めた。何処をどう歩いて、今此処まできたのか。張りつめていた気が急にゆるむと、新しい激情がこみ上げてきて、私は思わず声を上げて泣いた。

疾風怒濤

入寮後の一年はこうして過ぎ去った。私がその後どのような読書遍歴をなしたか、いちいち書き記すことはやめよう。石川啄木の短歌と詩を愛誦し、小林多喜二、那河捷平、瀬沼茂樹などが創刊した『北方文芸』は私に新しい魅力を持って迫った。私は多喜二の短篇に描かれた水天宮の坂下や、波止場の酒場の裏街をあてもなく彷徨した。妙見河畔の紅灯を五人の友と飲みあるき、危うく特待生を褫奪《ちだつ》されそうになったことも、私には限りなく懐かしい。

二年の春、国際連盟協会の懸賞論文「世界平和と人類の福祉に貢献する国際連盟の意義を論ず」に応募して入賞したのは、私が論文らしいものを書いた最初であった。この時はじめてカントの『永久平和論』を読んだ。夏休みには学生海外見学団に身を投じてアメリカ大陸を一周した。帰国後「遊米印象記」と題して小樽新聞に十六回にわたり連載したのは、自分の書いたものが活字になったおそらく最初のものであったろう(九九頁参照)。アメリカから持ち帰った数冊の書物の中で、ジーグフリードの『アメリカ・カムス・オブ・エージ』を興味深く読んだのもその頃であった。

三年の夏に苫米地英俊、手塚寿郎両先生引率の下に部員四名と樺太巡回講演旅行を試み、半島を一周したことは、私が企画したこともあって忘れられない思い出を残した。

私は三年間講演部に籍を置いたため、春秋二回の北大予科との対抗野球試合にはいつも応援団のアジテーターの役割を務めた。講演部がはじめて予科との合同弁論大会を札幌と小樽の地に交互に開くようになったのも私が三年の理事の時であった。その時の私の演題は「景気循環の理論的考察」という地味なテーマであったが、世は唯物弁証法の流行の時代であった。私は手塚先生の演習に参加し、その当時新刊のピグーの『産業変動論』をテキストとして研究報告したのが、この講演の材料となっていた。

三年の秋学期、大野純一先生の留守中、貨幣論の講義のため来学された東京商大高垣寅次郎博士の名講義に強い印象をきざみ込まれた。博士の学位論文『貨幣の生成』『貨幣の本質』『貨幣の職能』の三部作を読み、時あたかも、左右田喜一郎博士の『貨幣と価値』の川村豊郎訳が、ヘーゲル全集のグロックナー版と同一の装釘の豪華版として新刊された。それを丸文の店頭から買って読み耽ったことが、左右田哲学への眼を開き、東京商大への入学志望をかきたてた大きな動因となった。

（「緑丘新聞」一九五〇・十・十五）

遊米印象記（抄）

波静か愉快に航海す

太平洋上数千哩《マイル》の彼方、まだ一度も見ない国、一度は是非見たいと思って憧れていた国が、黎明の空と海との一線にポッカリと浮ぶのを見た時には、ほんとうに歓喜に躍る胸を静めることが出来なかった。滞米わずかに四十日に過ぎなかったが、そのはじめての国、そこに桜咲く国の純真なる男の子は何を見たか何を感じたか。

七月九日午後一時、吉富団長以下我ら学生見学団一行二十八名は日本郵船コレア丸に乗込み、懐かしい横浜を出帆した。赤青黄紫白とりどりの色の幾千条のテープの波は、さんさんと降り注ぐ真夏の強い光線を浴びてキラキラ反映する美しさ、見送りの群衆の一角より起る怒濤のような万歳の声、それに相和して「元気でいっていらっしゃい」「さようなら」の別れを惜しむ声が湾内を圧する。やがて出帆の時刻を知らせる銅鑼が鳴り響く。船出の奏楽が勇ましく奏せられる。出帆の汽笛がけたたましく鳴り渡ると、桟橋からは万歳の叫びが一しきりまた一しきり。

アメリカの住宅はどこでもそうだが庭園を家の前に持っている。そして四季とりどりの花卉が爛漫と咲きこぼれて、若々しい緑の芝生が美しい毛氈を敷きつめたようだ。日本のような高い塀などはもちろんどこにもない。すべてが開放的である。だからアメリカの住宅地を散歩すれば恰も天上の花園を彷徨するようである。

それにひきかえて高い塀や垣をめぐらし庭園を背後に設けて外からは針の隙間ものぞかれぬ利己的日本とは雲泥の差だ。ここに一面の国民性がうかがわれる。すなわち米国人は物事を開放して他人と共に喜ぶデモクラチックであるのに反して日本人は秘密的で排他的で家族的だ。しかしもう一歩つきこんでそのよってくるゆえんを考察する時は、その結論はすなわち彼らは見栄を張り自己の実力全部を外部に表現せんと努める一種の物質主義的虚栄の心理を有するに反して、日本人は万事に控え目で慎み深くすべてを外に現さずして余力を保っているからだ。

これは単なる負け惜しみからいうのではなく、実際旅行して外国人と交際してみればわかる。

彼らは、汽車の中でも電車の中でも誰にでも話しかけて気軽に交際してくれる。しかし彼らの心の底からではない。日本人は見ず知らずの他人にはなかなか口を閉じて言葉をかけないが、いよいよ本当に交際すると心の奥底から交わる。要するに、彼らは何事でも軽くあっさり片づけるが日本人は深くつきつめて考えるのだ。

ロス郊外世界最大のウイルソン天文台

二十五日、ハリーウッドのパラマウント社から是非遊びにきてくれという招待がきた。しかし当日は世界第一と称せられるウイルソン山上の天文台を見学することになっているので残念ながら好意を辞した。

朝九時半、大型バスに一行打ち乗ってウイルソン山へ向った。住宅地として美麗なること世界一と称せられるパサデナの金持連の別荘地で、登山用の自動車二台に乗換えて羊腸たる坂道を上りつめ、ものの二時間とかからぬうちに、僕らはもう雲を越え六千呎《フィート》の高峰に着いてしまった。

頂上の博物館で太陽や月に関する種々の写真と、それに対する簡単な説明を聞いた。僕らの外に五十人ばかりの見物人と一緒に世界最大の百吋《インチ》の反射鏡を見学した。もし金曜日の夜であれば世界第三の六十吋の反射鏡を一般人に公開して天体を覗かせてくれるそうである。どこまでも米国人は恵まれている。一体この世界一を誇る大規模の設備と器械を六千呎の頂上に運んできて、どこからそんな金が湧くのだろうと思って聞いてみたら、「カーネギーが寄附したのだ」と。私は今更ながら米国人を羨まずにはいられなかった。

アメリカ人ほど思い切りよく寄附する国民はない。もちろんその原因を考えてみれば無理もない点もある。彼ら富豪の多くは徒手空拳一代で巨万の富を築き上げたのだ。彼ら自身の勤勉努力も偉いが、手腕さえあればどんどん重要な地位に引上げ採用してくれる社会も偉い。だから彼らは自己の奮闘努力によりて財貨を積んだけれども、元来は社会が自分に儲けさせたと思っている。故にこれを社会に有意義に返すという立派な心掛けからでた報恩の意味も兼ね、また他方に、親から譲り受けた身代はなく独立自営で今日を築き上げたいわゆる自力主義者であるゆえに、「子孫に美田を残さず」、子供は自身で自己の運命を開拓すべきだといった調子の個人主義の結果である。

もちろん近頃は使い切れずにどんどん子孫に残す者もあるが、多くは自分の死んだ時の遺言によりまたは存命中に教育、慈善、社会事業等に巨額の寄附をする。試みに統計によれば、過去十年間における富豪の寄附金は実に二十億ドル（四十億円）に達している。かの有名なロックフェラーは五億七千五百万ドル、カーネギーは三億五百万ドルである。驚くべき金額だ。米国に行った者は小さい町にも立派な大学があるのをよく見る。これはみな富豪の寄附によるものである。また図書館、博物館にしても彼らの寄附によりますます設備を良くし内容を充実せしめている。これらのことは実に羨ましい程方々で見せつけられる。この教育の普及が産業上の能率を生み、循環してますます米国の大をなすものだ。

三十一日、ちょうどサンデーなので米国の教会を見学するためにウエストミンスター教会とコングレゲーショナル教会に行った。いずれも溢れるばかりの人達である。私はここに、チャーチより見たアメリカを論じなければ真のアメリカは解されないと思う。

アメリカを論ずる者は誰でも物質的・弗《ドル》的、機械的文明のアメリカをのみ説き、アメリカといえば拝金宗、我利我利亡者の集まりで精神的文化を全然持たない国民だという。しかしこれはアメリカの一面のみを見た者の言で、いわゆる楯の両面を見た者の観察ではない。黄金に執りつかれた彼らの心の奥底のどこかに、まだまだ彼らの祖先の宗教心深きいわゆる清教徒的な清き血の流れが潜んでいることを知らなければならない。彼らは一種の理想主義を信奉し、物質を排し精神を重んじ、神と人との合一を信ずる敬虔な宗教信者であったのである。

ニューヨークに行けば誰しも世界金融の中心地ウォール街を訪ねる。街上を幾千幾万の我利我利亡者が分秒を争って血眼になっている所だ。株式取引所、国立銀行、信託会社等の三十階、四十階の大建物が天に摩《ま》している所だ。一坪の地価実に六万円土一升金一升の地だ。この黄金の暴威を揮う真中に古色蒼然たる石造ゴシックの教会がある。いわゆる三位一体教会がある。このかなり広い敷地はさしもの「全能ドル」も、一指さえ染めることのできぬ聖地である。この肉と霊、物慾と信仰、黄金と宗教との二つの相矛盾せるかの如くして矛盾せざるところに米国人の半面があり、宗教的勢力の偉大さが窺われる。

独立戦蹟地——コンコード、レキシントン、ワルデン湖畔

十八日、朝から五月雨に似た細雨が戸外に立ちこめている。独立戦蹟地レキシントン及び哲人エマソンを生んだコンコードを訪れるには、却って晴れた日よりもこの日が相応しい。ケンブリッジよりコンコードまで二十哩《マイル》、細い霧のような降雨にほどよい冷気を感じつつ、清風をはらんで自動車を駆った。ボストン大学の一苦学生の説明を聞きながら。

坦々たるアスファルトの道路は遠く一直線に続いて白く光っている。ロングフェローの眠れるオーバン墓地も過ぎてアーリントンに入る頃は、両側に展開する青い草原、緑の森は、コロニアルタイプの古風な民家と美しい対照をなして詩情をそそる。

「一行を乗せて走るこの道は今を去る百五十年の昔、ハンコック、アダムス等の愛国の志士がワシントン独立宣言以前にこのレキシントンに独立の反旗を翻した。英兵八百これを聞きて首謀者を捕えんとボストンを発するや、ボストンの小山には予て合図の赤い提灯が左右に振られた。斥候のポール・レヴェヤーは早馬を駆ってハンコックの下に急を告ぐ。時の指揮官パーカー大佐は部下七十名と共にこの報を得て勇み立つ……」

遠き昔を偲ぶような面貌でこの青年は熱心に語り出した。一種の愛国心と軽い興奮が、正義に燃ゆる大和男子の胸裡深く無限の共感を誘う。自動車は歴史に富むレキシントン・ロードをひた走りに走った。

戦争中最後まで生き残ったラッパ卒の家、英国兵八百との最初の激戦地、ミニュットマンの像、ハンコックの家——戦争当時の武器、その他の記念物が集められて公開されている——等の史蹟を探るために、時々車の速度を緩め、時には車を停止したりして進んだ。車がベッド・フォード・ロードに来るや右手に有名なスリーピー・ホローの墓地がある。ホーソンや、ソロー、オルコット、エマソンの墓がある。ここを去ってエマソン時代の生活様式を最も精確に物語るアンテイクエリアン・ハウス、ホーソンが最後の十二年間を送った家「ウエー・サイド」——有名な『スカーレット・レター』を書いた所はボストンから十三哩離れたサレムである——オルコットのオーチャード・ハウス、哲学学校、それからエマソンが有名な『自然論』を書いた家、後にホーソンが同じくその家で『牧師の家のモーゼ』を書いた『オールド・マンス』、殊に一度焼けたのを元の通り建て直した飾り気のない白い上品なエマソンの家に注意が惹かれて、彼の哲学者として思想家としてしかも詩人なりし温雅晴朗な風貌が偲ばれて、懐かしい一つの愛着として心に残る。英兵と小川を挟んで対峙した最後の戦蹟地オールド・ノース・ブリッヂを訪れてより帰途になる。

自然詩人ソローの愛惜おく能わざりしかのワルデン湖畔に自動車を駆る。彼は極端に野外生活を好み、孤独を愛し、物質文明の次第にこの地に浸潤するのを厭い、二年半レーク・ワルデンの仙境に隠遁生活を始めた。この間に書いたものが彼の名著『ワルデン』で、すなわちこの原始的森林生活の興味深い描写である。池畔の森林は当時ほど繁っていないとのことであるが、紺碧に澄み切った湖の水に、濃緑の森影を落とし、幽邃《ゆうすい》、静寂そのものの仙境である。

かくて徹頭徹尾物質的、黄金的没趣味的、散文的アメリカの沙漠に、一掬《いっきく》の生命を託するに足る浪漫的詩趣のオアシスをなすものは、実にこのニューイングランドである。その中で最も美しく、魅力ある、歴史的、文学的の思い出深き地はコンコードである。怒濤のような騒擾《そうじょう》と喧囂《けんごう》の巷から逃れて、美しく澄んだ空と、夕方、古びた教会より打出す余韻ある鐘の音の響きは、コンコードと共にボストンの忘れ得ぬ印象である。

以上私はかなり長い記述の中にいろいろな観点からその都度アメリカ精神と、日本精神を説くことを忘れなかった。日本より米国の姿を眺め、翻って米国より偽らざる日本の姿を観察することができた。東洋の東洋的なるものの代表者日本と、西洋の西洋的なるものの代表者アメリカとは、千古の神秘を湛える汪洋たる太平洋の舞台に、不思議な対照をなして、華々しく登場したのだ。過去はすでに史実に明らかである。両国の生命は共に未来にあるのだ。何れが天晴れ世界文化史に光輝ある一頁を添えることができるか。日本か、それとも米国か。

東洋の君主国と、西洋の民主国、仏教国とキリスト教国、島国と大陸、家族主義と個人主義、黄色人種と白色人種、貧乏国と金持の国、男の国と女の国、老人国と若者の国、精神と物質、霊と肉、涙と笑い、古雅と粗野。

三千年の歴史と伝統を持つ日本と、僅々三百年の歴史と伝統なき因襲なきアメリカとは、同日に論ぜられるものではない。世界の富の半分以上を有するアメリカに、天然資源乏しい日本としては、その物質的文明においては歯が立たない。しかし日本は幾多すぐれた精神文化を持っている。大自然に即する単純美と誠を愛する純真さを持っている。和歌、俳句、生花、茶の湯、禅において、その単純さと純真さの中に汲めども尽きぬ詩美と雅韻、仙味と神韻を秘める日本精神、しかしてこれは日本の建築、文学、美術等において遺憾なく発現されている。「古池や蛙飛び込む水の音」に天地の幽邃と静寂を感得し得る日本国民の先天的、審美的情操の境地は、彼らの味到し得ざるところである。この潜在的美意識を有するところに、日本民族の偉大性があり、未来の暗示が示されていると思う。

「アメリカはアメリカであり、日本は日本である」このわかり切った、しかし最も意味深き一句が響いてくる。精神文明の伴わない物質文明はよしそれが如何に進歩したところで、人類に真の幸福をもたらすものではない、世界人の総てが陶酔し、眩惑された過去の物質文明は、真の文明ではなかった。かかる文明の極致は人類の破滅である。真の文明はすべからく精神的側面と物質的側面との諧調融和されたものでなければならぬ、今後よろしく真の文明を建設して世界の人類を救わねばならぬ。その真の文明を生み出すべき母の国はどこにこれを求むべきか。

フランスの新聞記者であり、哲学者であるポール・リシャールは「余はこれをその国の歴史に徴し、その国情に照し、その国の地理的関係を察し、そしてその国民の精神的能力に鑑み、この重大なる使命を負い、かつこれを果すべき国民は、実にアジアの東方に国を起せる日本を措いて、他にこれを求むることを得ず」と。

理想なき個人は進歩しない如く、理想なき国民は発展しない。われらはこの恵まれたる国土に生を享けたることを喜び、ともに相提携してこの尊き使命の遂行と、輝かしい理想の実現に努めたいと思う。

（一九二七・夏）

学問事始

自分が追究してきた学問とは、いったい自分にとってどんな意味を持っているのであろうか。いな、それより前に、そもそもどんな学問に興味を感じて、それを追究することになったのだろうか。

昭和四年（一九二九年）の春、東京商大に入学し経済学の勉強を始めることになった。大学では福田徳三博士の経済原論と経済政策の講義を聴いて大きな刺戟を受けた。開講第一日目「諸君、経済学を学ばんと欲すれば、哲学を学ばざるべからず。哲学を学ばんと欲すれば、カント哲学を学ぶに如かず……」と、冒頭から叱咤激励されて、カントの『プロレゴーメナ』の解説を二回、四時間にわたり、滔々と熱弁を振われた学問的雰囲気にまず圧倒された。大学とはこういうところかと愕然とし目が覚めた。そして学年末の試験問題は、あろうことか、「アリストテレスの流通の正義を論ぜよ」であった。

冬学期の経済政策の講義は、経済政策というよりもむしろ社会政策原理の講義ともいうべく、ロレンツ・フォン・シュタインの学説を高く評価し、その紹介に専ら力を入れられた。それにもかかわらず、経済政策試験の課題は、「経済政策の学的体系を建つべき嚮導原理を論ず」という途方もない題目であった。経済政策学の体系的原理の問題は、博士ご自身にとっても未解決の問題であり、それこそ学界の大問題であった。とても学生の手には負えない難問であった。恐らく合格点をもらえた者は数名あったかどうか。福田博士の講義は「聴講しても履修しないほうが賢明だぞ」という先輩の警告の意味がこれで解けた。

他方、経済学認識論の問題をめぐって、左右田喜一郎博士の論理主義の立場と、福田博士の心理主義の立場との間に、お互いに一歩も譲らぬ丁々発止のきびしい論争が闘わされていた。左右田博士は昭和二年、四十六歳の若さで他界されたので、もちろん博士の講筵《こうえん》に列する機会はなかったが、博士の新カント学派の方法論による諸著作、『経済法則の論理的性質』『貨幣と価値』『経済哲学の諸問題』『文化価値と極限概念』から、経済学認識論は何を問題としているか、ザインとゾルレン、「生と学との距離」（大西猪之介）に悩むほのかな問題意識だけはいつのまにか身につけていた。当時、学生間に圧倒的な人気のあった三木清の新著『社会科学の予備概念』から、特に新鮮な知的刺戟を受けた。

社会学でも歴史学の分野でも方法論議が盛んにおこなわれた。特に社会学の分野では、マックス・シェラーやカール・マンハイムの知識社会学がもてはやされた。社会科学的認識の歴史的・社会的拘束性を問題とするのが知識社会学の立場である。これとは別の立場で、マックス・ウェーバーのエートスを問題とする比較宗教社会学や、『経済と社会』における理解社会学の方法、『学問論集』が提起する「社会科学的・社会政策的認識の〝客観性〟」や「価値自由」の問題が学界の大きなトピックとなっていた。

このように経済学認識論を始めとして隣接諸科学の動向を背景にしつつ、社会科学としての経済学の方法をめぐる論争的問題状況のなかで、そもそも経済学という学問への接近をどのように考えたらよいのか。私の問題意識は次第に深まりつつも、方法上のアポリア（隘路）に思い惑うばかりだった。

こうして、入学後の一年は夢のように過ぎ去った。

ゼミナール風景

昭和五年の二月末、私はゼミナール志望を福田博士に決めて申し込みの届け出をした。忘れもしない三月二十五日、学生掲示場にゼミナール合格者の名前が貼り出された。そこに自分の名前を見出した時は、入学試験に合格した時よりも嬉しかった。しかし、いったい福田博士は私にどんなテキストをやれといわれるのだろうか？　それを考えた瞬間、身震いするほどの大きな不安に襲われた。私は急いで東中野の下宿へ帰り、出版されたばかりの博士の『厚生経済研究』の序文を更めて読み返した。翌日、神田の丸善や古本屋でホブソンやキャナンやピグーの原書を買い求めた。また、ドイツ語、フランス語、ロシア語の文法書を机の上にならべて、福田博士が自分に課せられるテキストは、いったいどの語学のものであろうかと、あれこれ思案をめぐらすのであった。

しかし、天なる哉、命なる哉、五月八日、博士は五十六歳を一期として急逝された。哀れな私は掲示場だけのゼミナリストとなってしまった。

福田博士が亡くなられたあと後継者として経済原論を担当されたのは、博士の高弟中山伊知郎助教授であった。私はさっそく先生にお願いしてゼミに入れてもらい、直接のご指導を仰ぐことになった。こうして私は中山ゼミの第一期生となった。

中山先生は大正九年に神戸高商から、昇格したばかりの東京商科大学本科に入学。初めて福田博士の講義を聴き、福田ゼミに入門。博士のきびしい指導のもとに、クールノー、ゴッセン、ワルラスの三冊を読まれた。入門した際、いきなり「クールノーをやれ」といわれた時は、クールノーはどんな人かも知らず、ドイツ語はやっていたがフランス語はやっていなかった。しかしさっそくアテネ・フランセにかよい三ヵ月でマスターして、留学の門出に『クールノー富の理論』を翻訳出版したという挿話のもち主である。ドイツではボンでシュムペーター教授に師事され、帰朝されたのは昭和四年七月だった。冬学期の特別講義のテーマは「経済発展の理論」で私も熱心に聴講した。

先生は当時流行のマルクス経済学や高田保馬博士の社会勢力学説に対して批判的立場に立ち、一般均衡理論を分析用具とする理論経済学の確立のために、日本の経済学界に新風を吹き込まんものと、自信満々、意気軒昂たるものがあった。先生は三十二歳の若さだし、十歳ぐらいしか違わない学生のわれわれも若かった。ゼミ開講の先生の第一声は、「私を徹底的にアウスボイテン（搾取）せよ」、さぁどこからでもかかって来い、という調子だった。

先生はいつも報告者の真ん前の机に陣取られ、報告が終るやいなや真っ先に発言された。時に意表をつくような鋭い質問を投げかけられた。報告者がどぎまぎして答えられず立往生していると、やんわりと声をおとして、「きみの言いたいのは結局こういうことなんだろう」と助け船を出された。この場合は、報告者が平素まじめに努力していることを、先生がよく承知されているからで、あまり勉強もしないで、その場逃れの答え方をする学生には、かなりきつい言葉で決めつけられた。先生は報告者の腹の底までちゃんと見抜いておられるので、ゼミが終るまでわれわれは戦々恐々まさに生きた心地がしなかった。

報告が終り討論が済んだ最後に、先生は報告者に代って簡潔に論点を整理されるが、その手際はいかにもあざやかで見事の一語に尽きる。中山ゼミの最高の醍醐味がここにあった。

ゼミにおける卒業論文のテーマやテキストの決定については、まったく自由で干渉がましいことは言われなかった。福田博士の場合は、誰に対しても「これをやれ」と命令された。中山先生の場合は、学生を一人ひとり呼んで、「きみは何をやりたいかね」とまず質問され、「こういうことをやりたい」と答えると、「それならまずこれをやって見給え」と、概ねその分野で古典とされているテキストを薦められた。

私の場合は、「経済政策の方法原理に関するものをやってみたい」と答えると、「それならロバート・ヴィルブラントの『国民経済の助言者としての経済学者』をテキストとして読みなさい。その本の三分の二はマックス・ウェーバーだ」。指導はそれっきりで、あとは本人がどんな報告をするか、その日まで黙って見守っておられた。これが草創期の中山ゼミ風景だった。

第四章　アジアのあけぼの

――太平洋戦争従軍記

一九四〇年、東京商科大学で経済政策、植民政策を教えていた氏は、私費で東南アジア各国を視察旅行に出かけた。四一年十二月、太平洋戦争に突入すると、もはや講義もゼミも落ち着いて続けられなくなり、身分は助教授のまま陸軍軍属として、東京商科大学グループの一員として南方軍政総監部調査部付きとして、シンガポール、フィリピン、マラヤ、ジャワなどに派遣された。これらヨーロッパの植民地として搾取されていた当地では日本軍の侵攻を機に民族独立の気焔が燃え上がっていた。当時の記録は、まるでアドベンチャー小説を読んでいるかのようにスリリングである。

民族政策としての植民政策論

昭和十五年（一九四〇年）二月、助教授に任官、四月から経済政策各論としての植民政策を担当することになった。自分は学生時代、山内正瞭教授の植民政策を聴講したこともなく、何の基礎知識も持たなかった。そこで神戸商大で植民政策を担当しておられる母校の先輩金田近二先生の指導を受けるために、三月いっぱい六甲山麓のアパート六甲ハウスに投宿し、そこから毎日先生の研究室へかよった。先生の研究室の書棚には約三千冊の本がぎっしりつまっていた。それらの本を片端から一冊一冊手にとって、一通り全部目を通した。これで植民学に関してどんな本があるのかがよくわかった。実際に興味を持って読んだのは、ルネ・モーニエの『植民社会学』やアンヘリノの『植民政策』などであった。先生といろいろ議論をかわし教えを受けながら、結局、植民地問題は民族問題であり、植民政策は民族政策に尽きるとの確信を抱いて帰京した。

こうして、四月から植民政策を開講したのはよいが、夏学期が終る頃にはまったく種切れとなってしまった。そこで「講義はこれでおしまい、私はこれから現地へ行って勉強してくる」と宣言して、インドネシアからタイ国、ヴェトナム、海南島、台湾を廻って帰国した。出掛けるときは、シンガポール、マラヤ、ビルマ、フィリピンを含めて、東南アジア全域を旅行する計画を樹《た》てたが、英米系植民地へのヴィザがおりないので、行くことを断念した。一年間のつもりが六ヵ月で終った。私費旅行なので当時のお金で為替管理の最高限度の八千円を持って行ったが、旅費というよりも殆ど現地で収集した千百冊の本代になってしまった。

昭和十六年（一九四一年）十二月八日、運命の大東亜戦争が勃発し、太平洋戦争へと突入した。戦時体制が敷かれ、やがて学徒出陣、卒業期の繰り上げなど、もはや講義もゼミも落ち着いて続けることができなくなった。私は発足したばかりの東京商大東亜経済研究所の併任研究員であった関係から、南方調査のため戦時動員され、身分は助教授のまま陸軍軍属として、東京商大グループ約三十名とともに、南方軍政総監部調査部付きとしてシンガポール（昭南市）に派遣された。われわれの主たる任務は、当時われわれと同じく動員され、フィリピン、マラヤ、ジャワ、ボルネオ、スマトラ軍政地区に配属された民間、半民間研究所の現地調査企画について、総合的見地から調査連絡機能をはたす役割であった。

総軍のマニラ移駐後、われわれは馬来《マライ》軍政監部調査部に配置換えとなり、終戦はマラヤのタイピンで迎えた。これらの期間を通じて私は、軍政下ジャワの村落調査、スカルノ、ハッタの民衆総力結集運動、軍政下マラヤの土侯《サルタン》政策、民族・宗教・教育政策に関する調査に従事し、終戦後一年間の抑留生活を経て、昭和二十一年（一九四六年）八月、リバティ船で浦賀帰還、従軍解除、大学復帰となった。

蘭領東印度への旅

上陸第一歩

昭和十五年（一九四〇年）十一月八日、神戸港を出帆し私を乗せた南洋海運のくらいど丸は、南へ南へとエメラルドを溶かしたような鮮緑の波をかきわけて進む。赤道に近づくころ、さんさんとふり濺《そそ》ぐ暁闇の星空に、南十字星を仰ぎ見た時の心のときめきは忘れがたい。

密林に蔽われたセレベス海岸の山々、陽光に照り映えるマングローヴの砂浜、このような美しい自然に有頂天になろうとしていた私も、やがて船長の一言で、冷やかな現実にひき戻された。――もう船は航行危険区域に入りました――敷設機雷はいたるところで待ちかまえているのだ。

まもなく蘭印海軍機が、舷側すれすれに何度も哨戒飛行をなす。砲艦が六隻一列をなして、スラバヤ港を出てゆく。高射砲を据えつけた快速艇が、猛烈なスピードでわれわれの船に向ってくる。

スラバヤの外港タンジュン・ペラの埠頭には、ＫＰＭの豪華客船オラニエ号が、すっかり船体を塗りかえ内部を改装して、イギリスへ病院船として送られるため横づけになっている。そうだ、蘭印はドイツと戦争をしているのだ。オランダ本国政府は、ロンドンに亡命政権をつくり、ドイツに対し徹底抗戦を叫んでいるのだ。急に身がひき緊ってくる。

上陸第一歩、移民官の態度は、案外卑屈な感じがするほど鄭重だが、その眼差《まなざ》しには何か憎しみの翳《かげ》が宿っていた。

これが蘭印のいつわらざる姿である。とすれば、彼らの共通の敵であるドイツと手を結んで、世界の新しい秩序の建設を謳っている日本の姿ほど、いまいましいものはない筈である。彼らオランダ人にとっては、日本は敵国でないまでも準敵国であることについては、疑う余地さえない。その準敵国を強化する石油資源をめぐる日蘭会商が、どうして成功することができようか。小林一三使節団去り、続いて芳沢謙吉使節団がまもなくバタヴィアに着任するという。

このようなあわただしいただならぬ雰囲気の中に飛び込んだ私は、内地で南洋の地図をひろげ、昔の南洋遊記を夢見ながら、楽しくえがいていた旅行計画を、上陸第一歩で紙屑篭へ棄てなければならなかった。したがって私の蘭印の旅も、一年の予定は三カ月となり、ジャワ島、マヅラ島、バリ島、スマトラ島、セレベス南部を廻っただけで、西ニューギニア、モルッケン諸島、ボルネオ島への旅行は断念することとなってしまった。

ベンクーレンのスカルノ

インドネシア民族運動の絵巻物を眼のあたり眺めることのできた私は、今にして思えば、実に幸運だったといわねばならない。私がインドネシア滞在中、民族運動関係の文献資料の蒐集につとめ、民族指導者たちの動静をさぐりたいという意欲を燃やすようになったのも、現地へきてからの刺戟が拍車をかけたといってよい。

スラバヤ滞在数日後、夜行列車でバタヴィアに着くや、翌朝飛行機でスマトラ東海岸州の首都メダンに飛んだ。アチェ州のコタラジャまでは雨季のため行けなかったが、ランサの先のプルラから南はラブハンビリまでの東海岸州のすばらしい油椰子、タバコ、ゴムなどのプランテーションを見て廻った。トバ湖畔プラパット・ホテルの一夜は忘れがたい。

バリゲまで車を駆ったものの、シボルガから西海岸州の首都パダンへの道は、雨季による河川氾濫のため交通杜絶。やむなくメダンへひき返して、パレンバンへ飛ぶ。ムシ河をわたって対岸のロイヤル・ダッチ・シェルの石油精製工場を見学しようと試みたが、日本人には参観謝絶。しかしそれはどうでもよい。私のめざす目的地は、インドネシア民族運動の英雄スカルノが、配所の月を眺めるベンクーレンなのだ。

パレンバン駅で汽車に乗りルブリンガウに向う。途中ラハトの近くのムアラエニムの炭坑から積み出される光沢のある良質の石炭を満載した貨車とたびたびすれ違う。ルブリンガウ駅には、チュロップ高原で桑園を経営し繭を育て生糸をとっている片倉製糸農園の出張員、小山嵩君が出迎えてくれた。その晩は彼の家に泊り、うす暗いランプの下で、サテ・アイヤム（鶏の串焼）に舌鼓をうった。

翌朝、小山君の好意で提供された車に乗って、私はひろびろとした高原の道をまっしぐらに突走った。海抜二千メートル級の山々が聳ゆる谿谷に沿うて、羊腸たる急峻な坂道を一気に降る。眼下には視界一杯にインド洋が見える。

ベンクーレンの町にやがて入らんとする郊外の番所で、銃を肩にした野外警察官が車の停止を命じた。パラパラと三人の警察官が近づき、車の外から覗き込むようにして内部をあらため、パスポートを見せよ、という。異状のないことを確かめた上で、

「どこへゆくか」

「ベンクーレンへゆくのは何の目的か」

「ベンクーレンでは誰を訪ねるのか」

とたたみかけて私に質問する。私はベンクーレンへやってきたのは、オールド・ベンクーレンにあるスタンフォード・ラッフルズの遺跡を見たいためであり、そこへ案内して貰うために鶴岡さんを訪ねる、と答えると、「よろしい、通ってもよい」と言って許可してくれた。

スマトラ在住三十年という鶴岡さんは、ベンクーレンで日本品の雑貨商を営んでいた。私は鶴岡さんに、私の旅行目的——一つはスカルノ氏の近況を詳しく知りたいこと、もう一つは、ラッフルズの遺跡を探りたいこと——を率直に打ち明けた。

鶴岡さんの語るところによると、スカルノ氏はいわば軟禁状態で、戸外への自由な外出は許されているが、つねに警察の監視下にある。ベンクーレンの町の中では自由だが、許可なしには一歩も町の外へ出ることはできない。健康状態もよく、日常生活には何の不自由もない。歯磨き粉、石鹸、タオル、用紙、殆ど何から何まで彼の日用品は鶴岡さんの店で調達されている。たいへんな勉強家で、よく歴史書を愛読している。日本史については随分勉強しており、およそ日本に関して英語で書かれた本は殆ど全部集めているのではないかと思う。中国の歴史、なかんずく孫文に関するもの、トルコのケマル・アタチュルクに関するもの、インドのガンジー、ネルーに関するもの、そのほかフランス革命、アメリカ独立革命、ロシア革命に関するものなど、数百冊の本が書棚に積まれている。

「自分は品物を届けるのに始終出入りしているので、もしあなたがスカルノさんに会いたい希望なら、車で三回ほど乗りかえて尾行をまき、秘密に会わせてあげよう。絶対に大丈夫だ」

と、私に熱心にすすめる。

しかし、今しがた野外警察で訊問を受けた私には、それがきわめて危険な冒険であると思われた。

「ご厚意は有難いが、私はインドネシアへ着いてから、まだ一月も経っていない。できれば一年ぐらい滞在したいと思っているので、もし万一ここでつかまれば、即刻追放されてしまう。それではインドネシアの研究もふいになってしまうので、いつかまたやってくる機会があるまで自重したい」

と、私が言い終ったか終らぬうちに、殆ど間髪をいれず、ドヤドヤと野外警察官が闖入してきた。照れかくしのように、私にもう一度パスポートを見せよ、と言う。部屋の中を何かうさん臭そうに見廻しながら、そのまま引き揚げて行った。

話題を転じてラッフルズのことに言い及ぶと、鶴岡さんは、

「そういう話は聞いたことはあるが、自分はこれまで一度もそこへ行ってみたことがない。是非一緒に行きましょう」

と、さっそく車に乗って出かけた。

私たちは車の方向をスカルノ邸に向けた。スカルノ邸が建っている敷地は、目算で約千坪あった。ちょうど軽井沢の別荘のように、屋敷の周囲は一列に並んだ高い樹木をもってかこまれ、広い庭には一面に緑の芝生が植えられていた。中央よりやや北側の位置に、二階建の白亜の洋館が立っている。洋館はどの方向からも素通しに見えて、目をさえぎる何ものもない。いかにも監視の眼のとどく格好の家だ。二階に書斎と寝室がある、と鶴岡さんは説明してくれる。運転手は私たちの意図を察したのか、命じもしないのに、静かにスピードをおとして徐行する。私は遠く書斎の窓を望んで、敬意を表した。屋敷の周囲を一巡すると、車は急にスピードを速めた。

諭旨追放

ベンクーレンからもときた道をひき返し、パレンバンとの分岐点プラブムリ駅で乗換えて、南スマトラ、ランポン州に入り、スンダ海峡にのぞむテロクベトン港めざして南下する。蘭印政府は、ジャワの過剰人口問題解決のために、この地帯を対象地域として、移民政策を強力に推進していた。整地や灌漑用水ダムの建設も終り、入植直前の開拓村メトロを視察した。村役場と病院の二つの建物があるだけで、私が訪ねたその日にはじめて電灯が点いた。印欧混血人の移民村ギースティンも訪ねた。連絡船でスンダ海峡を横断し、ジャワ島のメラクに渡る。バンテン州を汽車で縦断して、一カ月振りにバタヴィアに帰着する。

西部ジャワでは、バンドン、ガルーを中心にマラバル高原を一周し、茶、キナ農園を見て廻り、中部ジャワではジョークジャ、ソロを中心に仏教、ヒンズー文化の遺蹟をさぐり、またムハマディヤ運動（回教近代化運動）、タマンシスワ運動（民族文化復興運動）の本部も訪ねた。東部ジャワでは、スラバヤ、マランを中心に、シンガサリのヒンズー遺蹟、ナフダトゥル・ウラマ（回教正統派）本部（所在地ジョンバン）、甘藷農園や精糖工場、パスルアンの糖業試験所、プロボリンゴ港のトウモロコシ等農産物の蒐荷積出状況を視察した。高原避暑地トサリに一日の清遊を試み、ジャワ随一の活火山ブロモにも登った。

ジャワ島の最東端バニュワンギから小舟で対岸のバリ島にわたった。バリ独得の踊り、歌、ガメランにうち興じ、ブサキなどの数多くのヒンズー古寺めぐりをして、島内を一周した。シンガラジャ港から瀟洒な客船に乗ってスラバヤ港に帰り、ついでに対岸のマドゥラ島を一周した。世界的に有名なカリアンゲットの製塩工場も見学した。こうして五十日余は夢のようにすぎた。

旅券の査証の切り換えの日まで、あと十日しかない。あと一カ月の滞在期間の延長を申請したが、許可されない。私に向って、

「これ以上の滞在は許可しない。タンジュン・プリオークから日本へ帰航する二隻の船がある。何とか丸と何とか丸。そのどれかに乗って帰ることができる」

と。延長不可の理由は言わず、ただ遠廻しに帰れ、と言う。翌日、オランダ語の第一人者三好俊吉郎領事に、わざわざ移民局へと一緒に出向いてもらって懇請したが、徒労に帰した。どうやら諭旨追放の形らしい。私も観念の臍を固めた。

翌々日の朝八時、ホテルの玄関に警察より迎えの車が来ているという。出てみれば一台のサイド・カーが私を待っている。

「これに乗れ」

と言うその男に向い、

「私はタクシーでゆく、きみは先頭に立ってゆけ、あとについてゆくから」

と、私は答えてタクシーを呼ぶ。

オランダ人の若い警部の部屋に案内される。

「うわさによると、あなたは随分沢山のオランダ語の本を買い集められた、ということだ。どんな種類の本を蒐集されたのか」

これが訊問の第一声である。私がこれに簡単に答えると、その警部は机の上にあった週刊誌をとりあげ、ページをパラパラとめくって、その箇所を指さし、「音読せよ」という。それから、いま読んだパラグラフの大意を英語で述べよ、と。私のオランダ語の実力試験を終ったあとで、

「あなたが買った本は、日本へ持ち帰られるのですか。もしそうなら、事前にちょっと点検したいが、これから直ぐホテルで見せてくれますか」

「どうぞ、どうぞ、今直ぐでも」

私がそれまでに買い集めた本は、一千百冊余。もし係官の機嫌を損ねて持出禁止になったら、それこそこれまでの努力は水の泡。これはたいへんなことになったぞ、と内心の不安は募るば

かり。表面はできるだけいんぎんに、笑顔をつくって応対に気を配る。

二人の警部補が、私に同行した。私の部屋には大きな六段の本棚が三本。この棚には問題別に整理された本が並んでいた。その他未整理の本や小冊子や雑誌のバックナンバー五種類は、部屋の片隅に雑然と積んであった。植民史、植民政策、民族学、慣習法、回教法関係のものが中心で、民族運動関係のものは主として小冊子の中に多かった。見つかったら確実に没収されるものは、持出禁止がわかっていた『蘭印熱帯資源地図』のただ一冊だった。割合に平然としていたものの、それでもそれが発見されたらと、ひやひやしていた。これは幸いに本棚の裏に隠してあったので助かった。

一人の警部補が本棚からめぼしい本を抜き出して読み上げると、他の一人の警部補が書きとめた。クレンチェスの二冊本の『蘭印統治法』をとり出して、

「これは自分たちが国家試験のとき、勉強した本だ」

などとつぶやいて笑っていた。一通り点検が終って、まさにかれらが部屋を去ろうとした時、私の机の上に山のように積み上げてあった名刺を見咎め、「これを見てもよいか」と、私の承認を求めた。机の上に二百枚以上の名刺が山盛りになっていたのは、私が、昨晩、これまで三ヵ月の間にとりかわした名刺を整理しようと思い立って、積み上げて置いたためだった。「どうぞ」

と答えたものの、見てもらいたくない名刺が数枚あった。

警部補が名刺の山をちょっとつき崩すやいなや、たちまち一枚の名刺をとりあげて、相棒に目くばせした。「これをちょっと貸してくれないか」と、何か獲物を見つけた猟犬のように、さっと引揚げて行った。

デッカー博士の『蘭印統治罪悪史』

「しまった」と思ったが、もうおそかった。その名刺はあのE・F・E・ドゥエス・デッカー博士からもらったものだった。

私がデッカー博士と初めて出会ったのは、スマトラ旅行からバタヴィアに帰り、バンドンへ旅立つ数日前のある日だった。三菱商事の私の後輩宮脇英一君が、民族問題にくわしい佐藤信英氏に会えば、いろいろな情報が聞かれるという。佐藤氏は三菱商事と同じ建物の中にある東京都経済局出張所長という肩書をもっていた。表向きの仕事は、日本商品陳列館という看板を出して、インドネシア商人のために、輸入日本品の斡旋ということになっていた。しかし実際には、民族運動指導者たちから情報をとり、また庇護者のような役割をはたしていた。佐藤氏はデッカー博士を嘱託という資格で雇い入れて、自由な時間をあたえていた。佐藤氏から、デッカー博士は非常に博学の学者だから何を聞いても参考になる、といって私を紹介してくれた。

デッカー博士の名前は、あまりにも有名なので、もちろん私は知っていた。私はかねて日本出発前から、インドネシアで集めたい本のリストを、主としてファーニヴァルの『蘭領印度』のおびただしい文献註やレファレンスを参照しながら、用意していた。私はそれを彼の目の前に提示して、

「このリストにあげられている本の中で、是非買っておかねばならぬと思われる書名に、ウェートをつけてチェックして下さい」

と、まず教えを乞うた。

驚いたことには、彼は即座に片っ端から、一つ一つにコメントをつけ始めた。

「この本はこういう観点から書かれた本で、それにはこういうオランダ人の偏見がふくまれているから、注意して読んだ方がよい」

「この本はこういう意味で、貴重な文献だから逸することはできない」

「この本は役に立たないつまらぬ本だから、やめておいた方がよい」

と、いちいち理由をあげながら、すべての本について、漏れなくコメントするという有様で

ある。私はまったくあっけにとられ、ただただ、彼の博識ぶりに感嘆するばかりであった。そのうえ、これらの本を入手するには、ＯＶＵＺというオランダ人の古本屋へゆけば、だいたい全部揃えることができる、と教えてくれた。私はこれで古本買入れに非常な自信を得た。

ふと彼の机の上を見ると、執筆中の原稿用紙が分厚く積まれていた。

「あなたは今、何を執筆しておられるのですか」

「なァに、私が書いているのは、オランダ人の植民地統治罪悪史ですよ。あと二、三日中に脱稿する予定です」

「もし差支えないなら、私に読ませてくださいませんか」

「いや、これを書き終ったら、まっさきにタムリン君に見せる約束をしているのです。彼からコメントして貰いたい箇所もあるのでね。もしあなたが興味があるなら、そのあとでお見せしますよ」

初対面にもかかわらず、執筆を中断して、二時間以上も話してくれたデッカー博士の好意に感激した。辞去するにあたって、暮れから正月にかけて、バンドンを中心に旅行に出掛ける予定なので、そのあとでもう一度お会いしたい、というと、彼は机のひきだしから名刺をとり出し、

「私も金曜日から月曜日までの四日間、妻が住んでいるバンドンに帰るのを常習としているから、バタヴィアでなくてもバンドンで会うことができる。妻はバンドンでクサトリアン・インスティチュートを経営し、自分も商業学校長をしている。この学校にオランダ人が嫌がる日本語科をおいているが、たびたびの弾圧にもかかわらず、押し通してきた。ひまがあったら、おもしろいからそこへ訪ねてくれ給え」

と言って、名刺の裏に、月曜日の何時から何時、金曜日の何時から何時までと書いて、私に渡してくれた。しかし、バンドンでのある出来事と、その出来事に関連して、私が刑事につけられるという事件が起こったために、デッカー博士夫妻訪問はついに断念した。

警部補にとりあげられたデッカー博士の名刺とは、その名刺だった。一月六日、タムリンが逮捕され、その翌日デッカー博士も逮捕された。デッカー博士が連座したのは、病床にあったタムリンの枕頭に、あの『蘭印罪悪史』のデッカー博士の原稿が、発見されたためだった、と新聞は報道していた。タムリンの葬儀には、有志の一人として参列したかったが、旅行中でできなかった。新聞は葬儀の模様を写真入りで、大きく報道していた。葬列に加わった群衆は数万といわれ、一部の新聞はショック死と報じたが、一部の新聞は真相を毒殺と報じた。巷間の人々は後者を信じていた。

デッカー博士と私との関係が、あの名刺で明白となった今、呼び出しがいつあるかと心配でならなかった。今となっては、一日も早くジャワを離れたい、とすら願った。それにしても、あの本の出荷が許可されるであろうか。リストアップを急ぎ、出国許可申請書に書物のリストをつけて、移民局長へ提出した。

案ずるより産むが易し。意外に早目に出荷許可のサインがおり、箱詰の本を南洋海運の船に積み込んだ。警察本署からの召喚もない。昭和十六年（一九四一年）二月二十四日、私はバンコックへ飛び立った。

（一九六八・八・五）

マラヤ民族独立運動のあけぼの

イブラヒム氏との出会い

終戦の年の五月四日、私は昭南防衛司令部に参謀長を訪ねた。マラヤ民族運動の指導者イブラヒム・ビン・ヤーコブ氏を貰い受けるのが目的だった。

当時イブラヒム氏は馬来《マライ》義勇軍の隊長として日本軍に協力し、昭南防衛司令部に勤務していた。彼に対しては義勇中佐の資格があたえられ、待遇も日本の佐官クラスと同様であった。私がイブラヒム氏の身柄を貰い受けるといっても、彼が直ぐ野にくだるというのではなく、時機がくるまで隊長の地位にとどまりながら、勤務外に民族運動の指導者として、彼が自由な活動をなしうることの許可をとりつけるという意味であった。私がこのような役割をはたす立場に置かれるにいたった事情については、少しく語らねばならない。

この頃、敵機B29の空襲は日を追って頻繁となり、戦局の悪化は誰の目にも明らかであった。連合軍の上陸作戦に備えて、われわれ軍政要員にも、軍事教練が日毎に強化されていた。

われわれ東京商科大学東亜経済研究所員は、赤松要教授を団長として、昭和十七年十二月二十八日、シンガポール上陸以来、南方軍政総監部調査部員として、また南方総軍がマニラに移駐してからは、馬来軍政監部調査部員として軍政下マラヤ各地の民族実態調査に従事していた。しかし、昭和十九年夏以降は、事実上軍政監部総務部長の直属機関となり、華僑対策、土侯《サルタン》対策、回教対策などに関連して、調査をこえた行政上の協力を要請せられるようになっていた。私の担当がマラヤの民族問題に関する調査研究であったのと、赤松団長のいわば秘書として終始起居を共にし、企画に参加し渉外事項にたずさわっていたので、私の身辺はにわかに多忙となってきた。

昭和十九年八月以来、土侯対策の一環として、各州に「回教評議会」を設立し、十二月十三日から十五日までの三日間、クアラ・カンサーで、「全馬来最高回教会議」が開かれたのも、鈴木朝英氏（元北海道大学教育学部教授）や私が担当したのであった。昭和二十年に入ってから敵の上陸作戦に対応して、マレイ人に対する民族政策の急務なることがいよいよ痛感せられた。民族問題に理解の深い赤松団長と日夜討議をかさねたうえで、軍政監部総務部長梅津少将に、われわれの構想を進言した。その頃はまだマラヤの民族運動の推進について、立ち入った議論をすることはタブーであった。

しかし、ついにわれわれの構想を実行にうつす時がやってきた。昭和二十年(一九四五年)五月二日、三日の両日、シンガポール第七方面軍司令部(司令官板垣征四郎大将)において、ジャワ、スマトラ、セレベス、マラヤ軍政監部総務部長及び情報主任参謀第一回会同が開催された。この会同に私も出席することができた。ジャワから斉藤鎮男氏(現外務大臣官房長)、セレベスから光藤俊雄氏(現ルーマニア大使)が参加された。議題の中心は、インドネシアの独立をめぐる問題と、各地域の現住民に対する民心把握対策であった。もちろん、マラヤの民族対策は正式の議題とはならなかったが、私は深く心に決するものがあった。会同が終った翌日、私は昭南防衛司令部を訪ねたのである。

私は参謀長に問うた。

「馬来義勇軍の兵力はどれほどであるのか私は知りませんが、彼らははたして実戦に役立つとお考えでしょうか」

「せいぜい弾運びぐらいなものだろう」

「実戦にあまり役立たないなら、現在義勇軍の隊長であるイブラヒム氏は、戦前は馬来青年連盟の党首として、マレイ人青年のあいだに絶大な信望があります。彼を義勇軍の隊長としてではなく、民族指導者として活用するほうが、より適切であると私には思われます。現在急務とせられるマレイ人民心把握対策推進のために、彼を起用し、彼の協力を求めたいと考えますが、あなたのお考えは……」

私はマラヤの政治的独立問題にふれるような言葉は、用心して一切用いなかった。参謀長は案外あっさりと私の考え方に同意してくれた。直ぐにイブラヒム氏を呼び出して、私に紹介し、同行してもよいと許可してくれた。私はイブラヒム氏に向かい、

「今晩あなたの家でいろいろ相談したいことがあるから、同志を集めて待っていてほしい」

と言って、再会を約束した。

タンジョン・カトンの夜

マレイ人たちが多く住んでいるタンジョン・カトンに、イブラヒム氏は住んでいた。まだ明るい夕刻七時頃、彼の家に着くと、山盛りの料理の皿をいくつか並べた食卓をかこんで、七、八名の青年たちが談笑していた。イブラヒム氏の義弟にあたるオナン・ビン・ハジ・シラジ氏（当

時シンガポール州参事会員）の顔もみえた。私は座席につくや一同に向って口を切った。

「日本軍の公式の決定ではないので、非公式の話として聞いていただきたい。インドネシアの独立問題はいよいよ日程にのぼってきたが、そのあとには早晩、マラヤの自治独立の問題がとりあげられる時期がやってくるであろう。それにそなえて、今から同志を糾合し、民族運動を開始する準備にとりかかる考えはないか。私はきょう参謀長からイブラヒム君がマラヤ民族運動の指導者として活動してもよいという許可を得た。諸君のこれに対する考えはどうか」

一座は急にシーンと静まり返り、真剣な顔を見合わせた。イブラヒム氏は毅然とした口調で、最初に口を切った。

「マラヤ民族の独立は、かねてからのわれわれの熱烈な願望である。しかしわれわれの願望も日本軍政下にあって、完全に抑圧されてしまった。教授は真実を語るものとして、あなたの言を信用するが、今直ぐ返事をするわけにいかない。私の右腕である馬来青年連盟の副党首、ムスタファ・ビン・フシンの同意がなければ、何事も始められないし、また始めても成功の見込みはない。同志八百を動かすためには、彼の支持協力が絶対に必要なのだ。しかし困ったことには、彼はある事件以来、日本軍には絶対協力しないといって、タイピンから三十キロほど北にある農村に引篭って百姓をしながら暮らしている。ある事件というのは、日本軍がシンガポールに進駐してまもない頃のある日、彼がスタンフォード通りで、はずれた自転車のチェーンを路上でなおしていた時、折悪しく通りかかった車から出てきた憲兵によって、〝道のまんなかで何をしているか〟と一喝され、軍靴で内股を蹴られて大きな怪我をし、路上に突きとばされた、という事件である。それ以来、あれほど親日的であったムスタファが梃子でも動かね反日家となって、田舎へ引込んでしまったのである」

私は悪名高い憲兵の暴状に、胸中かぎりない憤りをおぼえるとともに、返す言葉に窮した。今の時点での先決問題は、イブラヒム氏に対するムスタファ氏の協力が可能かどうか、にあることを知った私は、イブラヒム氏に向って訊ねた。

「あなたは日本軍のシンガポール進駐以後、馬来半島へ旅行したことがありますか」

「いや、一度もありません」

「それでは明後日私はタイピンへ帰る予定ですが、私と一緒に半島を旅行しませんか。民族指導者にとっていちばん大事なことは、現在マレイ人が何を考えているか、民心の動向をしっかりつかむことです。地方に散在している昔の同志たちにも会い、またムスタファ君にも会って話してみてくれませんか。それに仮定ですが、もし民族運動を始めることになるとすれば、あなたは、運動の名称を何と名づけたらよいと思いますか」

しばらく彼らのあいだで何やら議論していたが、イブラヒム氏の提言で、運動の名称は「クワタン・ラーヤット・イスティメワ」(民衆総力結集)、それぞれの頭文字をとって、「クリス」運動と略称することとなった。クリスという語はマレイ人にとって伝統的な護身用の小さな刀を意味している。したがってクリスといえばどのマレイ人にもピンとくるまことに簡潔で力強い名称だ。私はイブラヒム氏の機智に深く打たれた。

そのあとはマカン・ブッサール(大饗宴)の賑やかさとなり、私も得意のマレイ語の四行詩《パントゥン》を唄って喝采を博し、夜の更けゆくのを忘れた。

「わが民族政策誤てり」と梅津少将

翌日、私は第七方面軍司令部を訪ね、情報主任参謀に会見を申入れた。そして、積極的なマレイ人の民心把握対策としては、民族運動の指導者を活用することの有意義性について力説した。また、この問題で馬来軍政監部が動きうるためには、第七方面軍参謀長から第二十九軍参謀長(馬来軍政監兼務)あての指令書が必要であるから、電報を打ってくれないか、と懇請した。その少佐参謀の名は忘れてしまったが、彼は快く私の進言を容れ、しかも電文を私に起案せよという。即座に書きつけた私の電文案に目を通した彼は、軽く首肯《うなず》いて別室に入り、しばらくしてから、「これでよろしい。直ぐ発信する」と。

何もかも意外に事はすらすらと運んだ。それというのも、その頃の軍の雰囲気として、何か藁をもつかみたいような一種の焦りの感情が支配していたためであろう。

その翌々日、私はイブラヒム氏と一緒にシンガポール駅を出発した。彼にとっては数年振りの半島への旅行のためか、朝から機嫌がよかった。夕方クアラ・ルンプール駅に着いて一泊。翌日タイピンに着いた私は直ちに軍政監部に出頭、何くわぬ顔で総務部長梅津少将に帰任の挨拶をすると、「君の考えている通りになってきた。いよいよ馬来の民族運動を激励する時機がきた」と、第七方面軍からの指令電報を、鬼の首でもとったように喜んでいる様子が見えた。

それから三日ほど経ったある日、イブラヒム氏がムスタファ氏を案内して、タイピンに住んでいる地方の同志五名をひきつれて、赤松調査部長の宿舎に私を訪ねてきた。ムスタファ氏は、私たちへの初対面の挨拶でも、ただ頭を下げるだけで一言も発せず、ひどく浮かぬ顔をしていた。イブラヒム氏の語るところによると、彼はタイピンに着くやいなやその足でムスタファ氏に会いに行った。二晩もかかって彼を説得したが、まだ納得せず半信半疑だという。とにかく教授に会って嘘か本当か聞いてみよ、と言って漸くここまで引出すのに成功したという。一部

始終を聞いた私は、ムスタファ氏に向い、

「総務部長に直接会って軍の真意を確かめてみようではないか。これから皆で一緒に会いにゆこう」

と提案して一同を促した。総務部長宅に電話をかけて都合を聞くと、「直ぐやって来い、歓迎する」と。

総務部長宅の広い応接間で、われわれは思い思いの椅子に腰かけながら、梅津少将が何を語り出すか、固唾を呑んで待った。

「諸君、よくやってきてくれた。率直に言って、日本軍のこれまでの馬来民族政策は、根本的に間違っていた。私はこの機会にそのことをはっきり言っておきたい。遅きに過ぎたうらみはあるが、これからはこの間違いを改め、諸君の民族的願望に応えるように、全力を尽くしたい。もちろん現在まだ戦争最中なので、今直ぐに実現というわけにはいかないが、諸君の協力次第で、その日の近いことを確信している。軍政に対してこれまで諸君がいだいている不満や苦情があるなら、それを遠慮なく聞かしてほしい」

軍人らしいきびきびした口調で、梅津少将が切り出した。発言の内容といい、その態度といい、通訳している私にとっても胸のすくようなものだった。こうざっくばらんに言われると、息を呑まれたのか、一語を発するものもない。イブラヒム氏はわが意を得たりと、ムスタファ氏の顔を見て、どうだ俺の言ったことは本当だろう、と言わんばかりの眼付き。それまで浮かぬ顔だったムスタファ氏の面上に、はじめて晴れやかな微笑が浮かび、他の者はすっかり虚をつかれて啞然としている。「日本軍の馬来民族政策は根本的に間違っていた」という率直な告白の最初の一句を通訳した時の私の感激は、いまだに忘れられない。

総務部長宅を辞して再びわれわれの宿舎に引揚げた時、今までおさえていた感激が一時に堰を切って爆発したのか、イブラヒム氏をはじめ一同互いに手をとり肩を擁して、狂喜乱舞、手の舞足の踏むところを知らず、ムスタファ氏の眼には泪さえ光っていた。

終戦の詔勅を聞く

シンガポールへの帰路、イブラヒム氏は各州の首都に立寄り、同志を糾合し、クリス運動を推進する地方指導者各十人ぐらいを単位とする支部の組織づくりに成功した。

インドネシアの早急独立が、いよいよ決定段階に入ったので、われわれのクリス運動は、これに呼応して、一段と拍車をかけることになった。この会同の終了直後、私はイブラヒム氏に、われわれの運動をいよいよ公式にスタートさせる時期がきたことを告げ、全馬来各州青年代表者会議の名のもとに、クリス運動結成大会を、八月十七、十八の両日を期し、首都クアラ・ルンプールに開催する準備に着手するよう助言した。私がこの両日を大会日程として示唆したのは、八月十八日がインドネシアの独立宣言の予定日であることを、私があらかじめ知っていたためである（これは私の思い違いで、八月十八日は独立準備委員会を正式に発足させる予定日で、独立宣言の予定日ではなかった。インドネシアの独立宣言が、実際あとで八月十七日におこなわれたのは、歴史の偶然がそうさせたのであって、日本軍側の指導方針とは無関係である）。その時の私の考えでは、その前日の十七日に結成大会をおこない、翌十八日、インドネシアの独立宣言の日に、クリス運動指導者の名において独立祝賀声明を宣言することが、大会をクライマックスに盛りあげる最も効果的な劇的要素になると期待した。そしてイブラヒム氏をマラヤからの祝賀使節団長として大会で指名し、私が付き添いでジャワに乗り込むという筋書きを、ひそかに胸中に秘めていた。

私がタイピンに帰ってから、まもなくイブラヒム氏は、クリス運動結成大会準備のために、私の後を追ってシンガポールを出発した。

八月十三日正午、私がイブラヒム氏とともに、馬来軍政監部の庭で、クアラ・ルンプールへ南下すべく、車の整備が完了するのを待っていた。その時、同盟通信特派員からの電話で、八月十一日に南方軍司令官寺内元帥より、インドネシア独立許容命令の伝達を受けたスカルノ、ハッタ、ラジマンの一行が帰途タイピン飛行場に立寄った、との知らせを受けた。イブラヒム氏が幸運にもスカルノ氏との会見の機会に恵まれた模様については後述「ビンタン・インドネシア——スカルノ、ハッタ両氏の横顔」（一七二頁）を参照されたい。

その日の午後五時頃、われわれはイポー市に着いた。同じホテルの同じ部屋に投宿した。待ちかまえていたマレイ人青年指導者たちの会合に、私も出席した。翌日われわれはクアラ・ルンプールへ向う予定であった。しかし、同盟特派員から、十五日正午、天皇陛下の重大放送があるという知らせを受けたので、出発を一日延期してその日を待つことにした（私は民族運動を指導する仕事を始めてから、各地の同盟特派員と密接な連絡を保つことに努めた）。

八月十五日正午、イポー市同盟支局で、ペラ州長官と宣伝部長と私と、それから、同盟支局員という限られた数人で、陛下の玉音放送を聴いた。ラジオはザーザーという雑音によって時々妨げられ、またある時は高くある時は聴きとれぬほど低く波があって、明瞭には聴きとれなかった。それでも終戦の詔勅であることだけは、はっきりと理解することができた。放送が終ったあとで同盟支局の通信技手は、モールス暗号文を解読した刷物を、われわれの眼の前に差し出した。私にはまったく青天の霹靂だった。万事休矣。

カンポン・バルーの大饗宴

車がイポー市街をぬけ出した頃、私はイブラヒム氏に話しかけた。

「イブラヒム君、僕はたった今、日本からの天皇の玉音放送で、日本が連合軍に対して無条件降服したことを知った。やがてそのうちにイギリス軍が上陸するであろう。もはやわれわれにとって、君たちの民族運動を助けることは、不可能となった。これからさきはいかに行動するつもりか」

イブラヒム氏は別段驚いたふうも見せず、意外に平静だった。あるいは彼はすでにこのことを、イポー市の同志から聞いて知っていたのかもしれない。

「私を直ぐジャワへ逃がしてください。昭南防衛司令部の参謀長に、飛行機の手配を口添えしてください」

「それはたやすいことだ。しかしイブラヒム君、この際よく考えてくれ給え。私の考えでは、およそ民族運動の指導者たる者は、決して祖国を棄てて外国へ亡命すべきではないのだ。民族指導者にとって、亡命は政治的生命の死を意味する。イギリス人は民族指導者を投獄することはあっても、決して処刑することはない。あのガンジーやネルーの例を見ればわかる。もっとも終戦直後の混乱にまぎれて、危険なことがないとは言えない。君のとるべき一番よい方法は、しばらくマラヤのどこか秘密の隠れ家に潜伏して、静かに事態の推移を見守ることだ。そのうちに、万が一逮捕される場合があったとしても、投獄されるだけだ。これまで君も獄中の経験があり、様子はわかっている筈だ。ジャワへの亡命は、君の政治的将来にとって、決して賢明な方法でないことを、私はあえて断言する。何処か隠れるよいところはないのか」

イブラヒム氏は、しばらく沈黙したまま思案したあとで、

「隠れる方法はいくらでもある。しかしとにかくクアラ・ルンプールに着いて、各地から集まった同志たちとも話し合いをしたあとで、自分がどうするか改めて知らせる」

と答えて、窓の外へ視線をうつした。急に元気を失って、思いあぐねたようなうつろなイブラヒム氏の横顔を眺めながら、私は彼の悲痛な胸中に思いをよせ、あまりにも冷酷な運命の仕打ちを慨嘆した。それきりクアラ・ルンプールに着くまで、二人は一語も交えなかった。

彼はステーション・ホテルに、私は真向いの将校宿舎に投宿した。不在中、赤松現住民中央輔導所長からの電話で、マレイ民族運動から手を引き、至急タイピンに戻るようにと、総務部

長の命令として、伝言されていた。しかし私は各州から集まっている民族指導者たちを、そのまま放り出して勝手に帰るわけにはいかない、後始末をしてから、二、三日中に帰任するから心配しないでほしい、とさっそく赤松所長へ電話をかけた。

夜中の十二時近く、イブラヒム氏が義弟のシラジ氏と義勇軍大尉の副官を帯同して、私の宿舎へやってきた。

「これからシンガポールへ帰りたい。隊長として馬来義勇軍を解散し、解除にともなう種々の折衝を日本軍とおこなう責任をはたさねばならない。直ぐ車を用意してほしい。自分の身の振り方については、自分で考えている」

しかし困ったことには、車はあってもガソリンはすっかり使いはたしていた。クーポン券によるガソリンの配給は、明朝八時まで待たねばならない。私はガソリンがないこと、また夜中のドライブにはどんな危険があるかも知れないことを説いて、咄嗟に、

「汽車を利用した方がむしろ安全である。一緒について来い」

と彼らを急がせて、駅長室に入った。十二時半にシンガポール行きの列車が到着するという。

あわててプラットホームへ駆けつけた。まもなく貨物列車がすべり込んできた。シンガポールへ南下する兵隊が、有蓋貨車の中にいっぱい乗っていた。私は目の前に止まった貨車の中を

のぞき、この中の責任者は誰かと問うた。そして、その人に「この三人のマレイ人はマレイ民族指導者として重要人物であるから、無事シンガポールへ送り届けてほしい」と頼み込んだ。

まったくあっというまの出来事だった。出てゆく列車をいつまでも見送りながら、私はイブラヒム氏の幸運と健在を祈った。

狙われるムスタファ氏

クリス運動の後始末をすべて終えた私は、肩の荷がおりたような気持で、翌十八日タイピンに戻り、軍政監部総務部長に一切を報告した。軍政下のマラヤにおける私の活動も、いよいよこれで終りを告げた。

それから数日経った或る日の真夜中、私の部屋の窓を外からコツコツと叩く物音に、ふと眼が覚めた。誰何《すいか》すればムスタファ氏である。部屋に招じ入れて、彼の語るのを聞けば、彼は毎日マラヤ共産党員によってつけ狙われており、所在をくらますために逃げ廻っているが、つかまればジャングルへ拉致されるという。日本軍の降服と同時に、マラヤ共産党は、馬来亜共和国独立への反英闘争を開始したが、彼らの呼号する共和国の独立が、たんに華僑だけのものではなく、マレイ人をふくめての民族協和の国家の独立であることを示すためにも、マレイ青年連盟の有力なリーダーであるムスタファ氏を味方にひきいれ、彼を組織の一方の指導者にすることを計画しているからだという。

「私は狙われているのです。今日までどうにか行方をくらまして、追及の手を逃れてきましたが、いつどんな危険な目に遭うかもしれない。どうしても護身用のピストルがほしいのです。何とか手に入るようにしてくれませんか」

彼は見るからに、すっかりやつれていた。

「よろしい、何とかする。明日の午後にもう一度訪ねてきたまえ」

翌朝早く私は軍政監部に出掛けて、総務部長梅津少将の登庁を待った。事の次第を説明すると、ものわかりのよい梅津少将は、直ぐ係の中尉を呼び出して、私を紹介し、便宜をはかるよう指示した。中尉の後に続いて彼の部屋に行った。

「連合軍の命令により、引渡すべき日本軍の武器弾薬のリストを今作成中である。いい拳銃はすでにリスト・アップされてしまったから駄目だけれども、幸い若干の員数外のものがあるから、その中のよいのを見つけてやろう」

と言って、倉庫から探し出してくれた。

「これは素人にとっても操作の簡単な小型拳銃だ」

と、その取扱いについて説明しながら、銃弾も五十発わたしてくれた。

その日の午後、私はムスタファ氏の現れるのを、今か今かと待っていた。あたりはすでに暗くなってきたのに、彼の姿は現れない。あるいはつかまって拉致されたのかもしれない。私の不安は次第に募るばかりであった。

夜もかなり晩くなった頃、人目をはばかるように、こっそりとムスタファ氏が訪ねてきた。ほっと安堵の胸をなでおろした私は、彼に向って念をおすように言った。

「これを手に入れたからといって、決して武器に頼ってはならないのだ。これを使った途端にその音で君の所在がいっぺんにあたりに知れて、かえって危険になるからだ。なるべく逃げかくれするのがいちばん賢明な方法なのだ。わかったね」

拳銃と五十発の弾をあたえると、彼はなんども頭をさげ、低声で「有難う」を繰返しながら、どこということもなく暗闇のなかへ姿を消した。


（一九六八・七・二十）

シンガポールからの脱出

イブラヒム氏についての訊問

八月は何事もなく過ぎた。さきに憲兵隊員はタイピンの刑務所に収容され、九月になってから一般軍人は市街の清掃使役に、われわれ軍属、民間人は郊外の道路作業に従事させられた。毎朝早く隊列を組んでタイピン英軍司令部の広場に集合し、点呼が終ったあと、その日の作業に就いた。

宿舎の私の蚊帳に穴が開いていたためか、それに過労も手伝っていたのか、生まれてはじめてマラリアに冒された。四十度の高熱に苦しみ入院することとなった。一応高熱はおさまったが、マラリアの発作は二日おきにやってきた。そしてやがて病体のまま、タイピンから、東南に五十キロ離れたサラノース・キャンプに移された。サラノースはもとゴム農園のあったところで、ゴム工場の廃屋数棟が宿舎に充てられた。軍人は貯蔵米を大量に持ち込んだので、食糧には困らなかった。

キャンプに入った数日後に、私はタイピン英軍司令部から出頭命令を受けた。しかし、私はまだ病床にあったので、マラリアを理由に出頭を延期してもらった。十日後に二度目の出頭命令がきた。ジープが迎えにきて、私はクアラ・カンサーのメディカル・カレッジに送られ、病状の診断は英軍の軍医によっておこなわれた。その頃は発作もかなり軽くなっていたので、出頭に耐えうると診断されたのか、そのままタイピン英軍司令部の野戦保安隊（FSS）、日本流にいえば憲兵隊本部に連れていかれた。

係の中尉が一通の電報を机上において、私を訊問した。

「イブラヒム・ビン・ヤーコブは現在どこにいるか。君は彼の所在を知らないか。イブラヒムの所在について君が一番よく知っている筈だと、シンガポールから問合わせがきているのだ」

「私は彼の現在の所在については何も知りません」

「それでは、君とイブラヒムとの最初の接触はいつ頃から始まって、そして最後に彼と別れたのはいつのことか。知っている限りのことを申し述べてほしい」

中尉の私に対する訊問の態度は、きわめて慇懃であった。私は五月はじめイブラヒムとの最初の接触から、八月十五日の真夜中十二時半、クアラ・ルンプール駅で彼と別れるまでのいっさいのいきさつについて、ありのままに述べた。

「よろしい。よくわかった。帰ってよい」

と釈放してくれた。私はこの時、イギリスの憲兵将校の訊問の仕方がきわめて紳士的で、「知らない筈はないだろう」式の威圧や誘導訊問はなく、案外あっさりしているのに、妙に深い感銘をおぼえた。

それから一週間ほど経って、また英軍司令部から呼び出しを受けた。

「イブラヒムはジャワへ逃げたことが、情報で判明した。ジャワへ逃げた場合、彼の行き先について君に心当りはないか」

「私にはまったく心当りはありません」

と答えると、その中尉はシンガポールからきたらしい机上の電報をもう一度吟味するように、読み直したあとで、

「それなら、すぐ帰ってよろしい」

と言って椅子を離れ、それ以外の追及はなかった。私は心の中で、「あれほど警告しておいたのに、イブラヒムはやはりジャワへ亡命したのか」と、暗然たる気持になった。

その後、イブラヒムに関する私の呼び出しは一度もなく、それきりとなってしまった。

ピナン島のクリスマス前夜

終戦の年もやがて暮れようとする十二月二十三日の朝、一台のジープが突然、私を迎えにきた。私をピナン島の英軍野戦保安隊へ連行するという。スターリンと名乗ったその大尉はおそろしく体格のいい男だった。運転に自信があるのか、道路がよいためか、ものすごいスピードで走った。ジープの幌は風をはらんではためいた。運転台に二人並んで腰かけていたが、彼は一言も私に言葉をかけず、終始無言のままであった。

プライの波止場で、ジープはそのままフェリーボートに乗入れ、大尉はジープから降りた。私はジープの運転台にそのまま腰かけていた。乗客の眼はいっせいに私に注がれたが、別に侮蔑の眼差しらしいものを感じなかった。フェリーが動き出して三十分ぐらいか、対岸のジョージ・タウンすなわちピナン市に着いた。

ピナン市にはそれまで何度も来ているので、ジープの走る方向はすぐ見当がついた。ジープはまず高等法院の前に止まった。ここでの訊問を通してはじめて私がピナンへ呼び出された理由がわかった。

それは昭和十九年の六月のこと、当時の馬来軍政監部総務部長であった浜田弘大佐の命を受けて、マラヤの現地自活のためにタイ米の輸入や対岸のプロヴィンス・ウェルスレー地区の米の増産に、華僑の力を動員するための組織として、「閲報処」をはじめてピナン市に創設した事情を、私から聴取しようというのである。それに関連して、われわれが終戦間際に創立した「原住民中央輔導所」の目的および活動内容についても、問いただされた。私はこれらの質問すべてにわたって、一通り明確に答えることができた。私の陳述内容の信憑性について、ほとんど疑点を感じなかったのであろう、追及めいた発言は一つもなく、約一時間半ばかりで訊問は終った。ただ私の経歴に興味をおぼえたのか、まったく職務と関係のない次の七項目について、あとで報告書を提出するよう命令された。
一、日本の植民地政策の主要な特徴について。
二、軍政下のマラヤ、インドネシアにおける日本の民族政策について。
三、イギリスの植民地政策の長所と短所について。
四、欧米列強のアジアにおける植民地政策の比較について。
五、シャムの将来について。

六、ロシアの将来について。
七、ロシアの文化はほんらいアジア的なりや、ヨーロッパ的なりや。
ジープが最後に止まった大きな洋館は、かつて日本海軍の高級将官の宿舎であった。それが今は英軍の野戦保安隊ピナン地区隊長の宿舎となっていた。

すぐ隊長の部屋へ案内された。

「君はなおしばらくこの家に滞在しなければならない。その間、勝手にこの家から外へ出ることは許されない。この家を離れないことを誓約するか」

「この家から外へ出ないことを誓います」

私にあてがわれた二階の一室は、おそらくゲストのためのものであろう、この洋館にふさわしい大きな部屋だった。二階には四つの部屋があり、一室は隊長、他の一室は副官の部屋で、中央の広間はロビーとして使われ、豪華なソファや調度品がならんで、寛ぐには格好の場所であった。軟禁状態とはいえ、私の気分は明るかった。

七項目にわたる報告書の作成に一週間を要した。手許に辞書も参考書もなく、適当な英単語を想い起こすのに頭を悩ました。きれいに浄書した報告書は、フールスキャップで約九十枚の分量に達した。あの日から高等法院の呼出しはなく、報告書を隊長に提出すると、隊長はその

場で一通り目を通し、態度を急に和らげながら、
「これでよろしい。これからサラノース・キャンプへ帰る用意をし給え」
と言って、スターリン大尉を呼んだ。明けて昭和二十一年一月二日の午後のことであった。

ネルーのシンガポール演説

二月下旬、キャンプの移動が始まった。私たちは鉄道で南下し、ジョホール州レンガム・キャンプに入った。レンガムはシンガポールへ六十数キロのところ、故国へ帰還の日の近いことを思わせた。

洗濯、炊事、雑談、睡眠。キャンプの中の生活は単調きわまるものだった。ただ唯一の楽しみは、毎日出入りするインド人青年から入手するストレーツ・タイムスを隅から隅まで読むことだった。マラヤの政治的地位（マラヤ連合案）をめぐる本国政府、議会の論議や、これに対する現地マレイ人、華僑の反響が手にとるようにわかった。重要な記事は書き抜きした。

そのインド人青年には、私の持ち物の中で彼がほしいといったいろいろな物を与えて、その代わりストレーツ・タイムスを毎日欠かさず持ってくるように特別の契約をした。チャンドラ・

ボースの熱烈な崇拝者であった彼は、ボースの胸像を彫り込んだバッジを胸に飾り、会うたびごとにボースの逸話について語ることを誇りにしていた。

三月十三日のことだった。彼はいつもより興奮していた。いよいよ十五日にネルーがシンガポールへやってくる。その日のネルー首相歓迎市民大会に自分も参加するので、明日から三日間、新聞を配達できないから承知してほしい、と言う。私は彼に、その三日間の新聞は是非読みたいので、この次来る時忘れずに持ってくること、それからその歓迎市民大会におけるネルー演説を、注意深く聞きとって大要を話してほしい、と念を押した。

インドネシアの独立激励のためのジャカルタ訪問の日程を、英政府によってさえぎられたネルーは、十五日午後、予定を変更してシンガポールのタンジョン・カラン飛行場に颯爽と降り立った。マウントバッテン総督との会見を終って、宿舎アデルフィ・ホテルに落ち着いたネルーは、ネルー、ネルーとホテルの前広場にどよめくインド民衆の歓呼に応えて、バルコニーから絶叫した。

「今や時代錯誤の植民地制度はアジアに通用しない。アジアはもはやヨーロッパの主人公に黙従する柔順な召使いではない。アジアの自由と独立は、アジア諸民族の団結と力によってのみ獲得される。アジア民族の団結と連帯の二大支柱は、インドと中国である。アジアの問題はアジア人の手によってのみ解決されねばならない。

インドは近く独立する。諸君は独立インドの栄誉ある国民の一員となるために、母国に帰還することもできるし、あるいはマラヤの平和な一市民としてこの地にとどまることもできる。そのいずれを選ぶかはまったく諸君の自由意志によって決めうるのだ……」

シンガポールから帰って私の前に現れたそのインド人青年はネルーの抑揚と身振りを真似ながら、突如として大演説を始めた。周囲の者は、あっけにとられながらも、彼の演説の終るまで聞き入った。

そのあとで、彼は新聞に出ていない一つのエピソードを私に話してくれた。それはこうだった。マウントバッテン総督がネルーと最初に会見したとき、総督が差しのべた手をネルーは振り切って握手しなかった。ネルーがシンガポールに到着して最初に握った手は、ノリス・ロードのラーマクリシュナ・ミッション寺院前で、ヨボヨボのインド人老婆が差しのべたその手であったのだ。ネルーは総督官邸を辞してからホテルへは真直ぐに行かず、官邸の裏通りからノリス・ロードへ迂回し、ラーマクリシュナ・ミッションの傑僧スワーミ・サチャーナンダ師に敬意を表したのだ。その日は土曜の施米の日にあたり、貧しいインド人たちが一椀のお粥の施与を受けるために群がっていた。立去ろうとしたネルーの車の窓に差しのべられた老婆の汚れた皺だらけのその手を、ネルーはしっかり握った、と彼は感動にたえぬように、ネルーを賞讃した。彼自身はその光景を見たわけではない。誰かから聞いた話であろう。しかし、彼はこの物語を信じ切っていた。

ジュロンをあとに故国へ

六月下旬、われわれはレンガム・キャンプから、再びシンガポールのジュロン・キャンプへ移動することになった。東京商科大学東亜経済研究所スタッフの資格で、馬来軍政監部調査部に勤務していたわれわれの仲間は、その頃までにすでに四散していた。

大部分の者は赤松要調査部長と行動を共にしたが、レンパン島キャンプへ移されたあとで、ジュロン・キャンプに収容され、赤松教授、向井梅次教授、桐田尚作氏、古賀実氏を残してすでに帰還した。終戦前にシンガポール特別市厚生課に配属されていた山田勇教授、水野武氏らの一部の者も、ジュロン・キャンプの抑留生活を終えて、帰還していた。私がジュロンに入った頃は、われわれの仲間は、赤松、向井、桐田、古賀、私の五人であった。

ジュロン・キャンプは、日本帰還の最終基地であるためか、これまでのキャンプと異なって、非常に活気を帯びていた。毎晩のようにキャンプ内の各地区集団のあいだで演芸大会が開かれた。リバティ船がシンガポール港を出帆する報せのあるたびに、帰還組は一団となってジュロン村を引揚げて行った。病人、婦女子、民間人、軍属、軍人の順序で、引揚げの順番はきまっており、あとはただ時間の問題となっていた。

七月十日頃、キャンプ内で発行されている新聞は、七月下旬に三隻のリバティ船がシンガポール港を相次いで出港し、それに乗船する機会を失うと、十二月まで帰還できない、という記事を載せた。ジュロン村の人口から見て、三隻あればほとんどすべての人々が帰れそうに思われた。あとせいぜい三週間の辛抱かと、前途に希望を見出した私は、何となく明るい気分になっていた。

忘れもしない十二日の朝八時、シンガポールから一台のジープが私を迎えにきた。連行された場所は、シンガポール英軍野戦保安隊本部であった。出てきた隊長は机の上に堆《うずたか》く積まれた書類を指して、

「これらの報告書は、マラヤ各地の刑務所に抑留されている日本軍憲兵によって書かれたものである。私はまず日本軍政時代にマラヤ共産党対策で盛名をはせた大西憲兵少佐に会って話を聞いた。そしてその時々の討伐作戦で勲功のあった彼の部下の名前を教えてもらって、各地の

刑務所を訪ね、本人に会い、それぞれ担当した作戦の模様や戦果について書いてもらったのが、これらの報告書である。私は報告の依頼と回収のために、二回もマラヤを旅行した。報告書は全部日本語で書かれているので、きみはこれを英訳してくれないか」

脳天に一撃をくらったような驚きだった。瞬間、「これでは十二月までとても日本へ帰れない」という絶望感が、胸を圧した。しかし、私は気をとりなおして隊長に言った。

「これらの書類の中で、あなたが最も重要かつ緊急に必要と思われる報告書を、選び出してくださいませんか。それを先にやりましょう。その結果を見てから、残りの部分をどうするか考えてください。もし全部の書類を私一人でやることになれば、私の能力では半年以上かかるかもしれません」

隊長は書類の一番上に積み重ねてあった一束の報告書を、無雑作にとりあげて、

「それでは、これを翻訳してくれ給え」

私はその一束を隊長から受け取り、パラパラとめくって内容を一瞥した。用紙の大きさや紙質はまちまちであったが、いずれもエンピツ書きで、実に克明に書かれていた。毎日の使役労働のあとで、疲れた身体に鞭打ちながら、刑務所の暗いランプの下で、よくもこれだけのものが書けたものだと驚嘆した。一つ一つの討伐作戦の内容が、事細かに記録されていた。殊に驚

いたのは、その都度捕虜にした共匪《きょうひ》（そう書かれていた）の中国人名が、指揮系統図の中にくわしく書き込まれていた。おもに憲兵下士官の手記だった。一見したところ、私一人でやれば、一カ月は十分にかかると直感した。

「隊長、お願いがあります。私のキャンプには、私の先生である赤松教授がおられます。もし教授の協力を得て二人でやれば、仕事はかなり早く終ることになるでしょう。教授に協力をお願いしてもよろしいでしょうか」

「それはたいへん好都合なことだ」

「隊長、それについて、私からもう一つお願いしなければなりません。赤松教授に協力をお願いする場合、この仕事が終ったら、日本へ帰還してもよろしい、という約束をしていただかないと、私から教授にお願いするわけにはいきません。プロフォーマにあなたがサインすることを保証していただけましょうか」

「よろしい、承知した」

「それから、もう一つお願いがあります。この報告書の中には中国人の名前がたくさん出てきます。私は中国語を知りませんので人名の正しい表記ができません。私に英語のわかる中国人を一人つけてくださいませんか」

「それも承知した」

隊長と会話をしているうちに、私はすっかり元気をとり戻した。一カ月くらいかかると思われる作業も、二人でやれば二週間以内に終ることは確実だ。そうなれば最後のリバティ船に間に合うのだ。

その日はもっぱら一束の書類を分類したり、番号を打って整理したり、作業の手順を考えることに集中し、少しばかり翻訳して、ジュロンに帰った。

翌日、午前八時にジープが迎えにきた。野戦保安隊事務所の庭の片隅に建っている小さな家屋の中で、赤松教授と私は机をならべて翻訳にとりかかった。気前のよさそうな中国人の実業家が、人名に関するわれわれの質問に答えてくれた。昼食時間になるとその中国人の店の使用人が自転車で、いつも五層に重ねた陶器製の容器に入れた三人分の豊富な中国料理を運んでくれた。キャンプの不味い食事に馴れていたわれわれ二人にとっては、まさに山海の珍味であった。その中国人実業家の好意に感謝しつつ、少なからず英気を回復したわれわれ二人の作業は、予期以上に順調にはかどった。翻訳は十日間で完了した。

七月二十三日午後四時半。私は翻訳原稿を隊長の目の前に差出した。

「御依頼の書類の翻訳はこれです。御覧ください」

五、六枚ていねいに目を通した隊長は、私の顔を正視して、

「たいへんよくできている。約束通りプロフォーマにさっそくサインしよう」

と言うや否や、手許にあるプロフォーマに署名して渡してくれた。

キャンプに夕方六時頃着くと、右往左往する人々の群れと沸きあがる昂奮の渦で、煮えかえるような騒ぎである。「何事か」と聞けば、「明朝五時出発、今晩は徹夜だ」と言う。方々でかがり火が炎をあげ、まさに戦場へ出陣のような光景である。そうだ、われわれもその船に乗ろう。

その晩は一睡もせず、二十四日未明、リュックサックをかついで所定の場所に整列、点呼。トラックを連ねてケッペル波止場へ。午前十時乗船。シンガポールからの劇的な脱出——満三年四カ月の尽きぬマラヤの思い出を残して。

昭和二十一年八月五日、海上に富士の霊峰を仰いでついに浦賀に上陸。かくして従軍解除、復員帰還となった。

（一九六八・八・十五）

第五章　思い出のインドネシア

オランダは二十世紀初頭までに今日のインドネシアの全域を平定して「オランダ領東インド」という一大植民地を出現させた。一九二七年にスカルノを党首とするインドネシア国民党が結成され、民族独立を鼓吹したが、オランダは指導者の投獄や集会制限などで封じ込めた。四二年、蘭印軍を降伏させた日本軍は三年半にわたって軍政を敷いた。軍政下で組織された大衆運動、イスラム教徒の組織化は、官製ではあったが民族独立の気運を盛り上げ、日本が降伏した二日後にはスカルノがインドネシア独立を宣言した。四九年のハーグ協定により、同国は名実ともに独立を獲得。スカルノ大統領は民族主義と宗教と共産主義を一丸とした挙国体制を敷いたが、六〇年代に入ると軍と共産党との対立によって緊張が高まり、六五年九月にはスハルト少将を先頭とする陸軍によって共産党勢力は鎮圧され、スカルノも失脚する。與一氏は、戦前・戦中・戦後合わせて七回も同国を訪問しており、わが心のふるさとと呼んでいた。大統領になる前にもなったあとでもスカルノに面会している。

ビンタン・インドネシア――スカルノ、ハッタ両氏の横顔

終戦時タイピン飛行場にて

終戦の年の八月十三日、私の時計はまさに十二時を指していた。私はマラヤ民族運動の指導者イブラヒム・ビン・ヤーコブ氏とともに、クアラ・ルンプールにおいて八月十七日および十八日に開催される「全馬来各州青年代表者会議」(「民衆総力《クリス》結集運動」結成大会)に出席するため、タイピンの馬来軍政監部の庭で、車の整備が終わるのを待っていた。

いよいよ出発しようとする直前、同盟特派員からの電話で、

「今スカルノ、ハッタ、ラジマンの三氏がタイピン飛行場に到着した」

と知らせてきた。私はイポーへ向けて南下する車の方向を変えて、急いで飛行場にゆき、さらに迎賓館へ向かう三人の後を追った。迎賓館では簡単なレセプションの宴席が設けられ、馬

来軍司令官石黒中将の発声で、「スカルノ閣下の健康のために」と乾杯の盃があげられた。ハッタさんは目ざとく私をみとめて側に進みより、互いに奇遇を喜び、固い握手をかわした。ハッタさんとはこれで三度目の邂逅であった。スカルノさんはしばらく大きな眼を見張って私を眺めていたが、やがて思い出したのか急に笑顔になって手を差し出した。私は傍らのイブラヒム氏を二人に紹介した。

「この人はK・M・M（マレイ聖戦組織）の党首であり、現在は馬来義勇軍の隊長であり、またこれからわれわれが進めようとしている民衆総力結集運動の指導者である」

と、そしてわれわれの計画を手短に話した。レセプションは三十分くらいで終わり、私たちは再びスカルノ氏一行の車の後を追って飛行場へ。

いまだに自分にとって解けない謎なのだが、その当時私はインドネシアの独立宣言の日は八月十八日であることを予知していた。もちろん敗戦の日が八月十五日であろうことを知る由もなく、いわんや実際に十七日が独立宣言の当日となったことについては、その前日の早暁スカルニ、ハイルル・サレーらによるスカルノ、ハッタ両氏の義勇軍兵舎（レンガス・デンクロック）監禁事件という劇的な背景があってのことだ。

われわれの計画というのは、八月十八日がインドネシアの独立宣言の当日であるので、その前日を期して、インドネシア民族の一環としてのマレイ民族の政治的自覚の昂揚をはかり、マレイ青年指導者たちの団結を強化するための大会を、クアラ・ルンプールで開催し、他方、インドネシアの独立に祝意を表しようというのであった。ハッタさんは「インドネシア・ラヤ」の熱心な支持者であったので、われわれのこの計画を心から喜んでくれた。

私はスカルノさんに向って、

「あなた方の独立宣言は何日に行なわれるか」

と、むしろ確かめるつもりで問うてみた。スカルノさんは即座に、私の言葉を引きとるように、

「アズ・クィックリー・アズ・ポッシブル！」

と力強く答えた。おそらくすでにソ連の参戦を知り、日本の降伏間近しとみていた彼は、このように答えたのかもしれない。飛行場の休憩室の片隅で、スカルノさんはイブラヒム氏と何事か熱心に語っていた。私は少し離れて立っていたので、その内容は聞きとれなかったが、イブラヒム氏の昂奮している様子をみると、よほど激励されたようであった。

「暁の富士」と「夕暮れの富士」

昭和十八年（一九四三年）十一月五日、六日、東京で「大東亜会議」が華々しく開催された。私もその頃秋学期の講義のために、一時シンガポールから帰国していた。日比谷公園の屋外スタディアムにおけるチャンドラ・ボース氏の舌端火を吐く獅子吼《ししく》も聞くことができた。会議が終った数日後、都下の新聞はスカルノ、ハッタ、キ・バグース・ハディクスモ三氏の入京を報じた。すでに会議に出席したアジアの民族指導者たちは帰国の途につき、すれ違いになったことを知ったスカルノ氏は声をあげて泣いたと、付き添いの三好俊吉郎氏は手記「ジャワ占領軍政回顧録」（『国際問題』一九六五年四月号より六七年一月号まで連載）に記している。

三氏の宿舎は帝国ホテルの向って左側の半島の二階の三部屋があてられていた。陸軍省軍務局は日本人との接触を厳戒し、ハッタ事務所と称する関所を設けて近寄らせなかった。幸い私はハッタ事務所を管理していた南洋協会の堀口さんと面識があったので、そんなこととは知らないでハッタ博士を訪ねて行った私を断り切れず、

「一行は夕方までに戻る筈です。それまでここでお待ちください」

と、親切に事務所の中へ通してくれた。それから一時間ほど経つと、どうやら一行が帰ってきたらしく、廊下に話し声がするので、ドアを押して出てみたら、薄暗い廊下でハッタさんとバッタリ出会った。彼は喜んで私の手をとり、部屋に招じ入れ、少しおくれてあとに続いたスカルノさんに、私をはじめて紹介してくれた。

部屋の中には、インドネシアの留学生たち七、八人がたむろして、にぎやかに談笑していた。ハッタさんはすぐ席を離れるや一冊の薄い本を私の眼の前に差出し、

「これがあなたにあげる約束の私の著作です」

と言って、本の扉を開いた。そこには、「カパダ・トアン・プロフェッソール・イタガキ」と書き記されてあった。この春三月、ハッタ邸を辞する時博士が私に約束された『経済学断章』という本であった。私も持参してきた約束の拙著『政治経済学の方法』を博士に献呈した。傍らでわれわれのやりとりを眺めていたスカルノさんにも話しかけながら、

「私はあなた方に日本精神の象徴である富士山の版画をお贈りしたいのです。どうか好きな方をとってください」

と言って、西銀座の渡辺版画店から買い求めた吉田画伯の製作になる「暁の富士」、「真昼の富士」、「夕暮れの富士」の三部作の版画を、二人の目の前に広げた。

一座は瞬間どよめいたが、間髪をいれず、ほとんど同時にスカルノさんとハッタさんの手が伸びて、同一の版画を指さした。それは「夕暮れの富士」であった。ハッタさんはいち早くそれを掴んで、「これは私のものだ、これは私のものだ」と子供のように逃げ廻った。私はあっけにとられると同時に、深い感動をおぼえた。それはスカルノ氏――あの太陽の如く輝ける派手なスカルノさんが、五色の彩雲の中にそびえ立つ暁の富士を選ばないで、薄暮のうちに黝《くろ》ずんだ「夕暮れの富士」を選んだということであった。

「『暁の富士』はスカルノ氏、『夕暮れの富士』はハッタ氏、『真昼の富士』はキ・バグース・ハディクスモ氏」

と、心の中で独り決めしていた私にとっては、それはあまりに意外な出来事であった。スカルノさんは「夕暮れの富士」をハッタさんに譲って、「暁の富士」で満足したが、何かまだ諦めきれぬという風であった。満堂の聴衆を酔わしめた大演説のあとで、疲れた身体を書斎に横たえたスカルノさんの魂を鎮めるものは、あの薄明の中に暮れゆく静寂の富士の姿ではなかったろうか。

苛酷な運命のもとに

あれから時は流れて四半世紀。インドネシアの独立も、その後のはげしい変転も、この二人なしでは考えられない。

スカルノ大統領を太陽とすれば、ハッタ副大統領は月である。二人の性格はまったく対照的だ。スカルノ氏は世俗的で何事も派手好み、ハッタ氏は敬虔な回教徒として酒も煙草ものまず地味なタイプの人。スカルノ氏は大衆政治家として大向うをうならせる大雄弁家であるが、ハッタ氏は諄々と説くもの静かな学究肌の理論家である。スカルノ氏はジャワ人らしい神秘主義的夢想家で、政治に熱中すれば、ハッタ氏はスマトラ人らしく現実主義的合理主義者で、経済を重視する。このような性格や思想の相違は、かえって長短相補い、陰陽の妙趣を発揮して、それぞれ民族の父として母として、得がたい役割をはたしたのであった。

独立後の十年間、二人の関係はインドネシア人のいわゆる「ドヴィ・トゥンガル・システム」(二位一体制)として、円満平穏だった。スカルノ氏は大統領として表舞台で輝かしい主役を演じ、ハッタ氏は副大統領として舞台裏で縁の下の力持ちをつとめた。オランダとの主権移譲の独立協定では、ハッタ氏は屈辱外交のそしりを一身に浴び、マディウン赤色革命（一九四八年）の時の共産党弾圧は、後年「ハッタの挑発」の汚名のもとに、共産党の非難の的となり、目の敵にされた。

一九五六年十二月一日、二人の訣別の日がついにやってきた。ソ連、中共訪問から帰国したばかりのスカルノ大統領は、政党解消、「指導される民主主義」の構想を発表して、新しい政治体制樹立への決意を表明した。ハッタ氏は、それはスカルノ独裁体制へ導く危険ありとして、きびしく批判し、副大統領の職を辞した。インドネシアの悲劇はこの時点から始まったのである。

ハッタ氏が辞めると同時に、外領軍部のジャワ中央政府への反旗。続いて五八年二月、三月のスマトラ、スラウェシの「インドネシア共和国革命政府」の反乱。反乱に参加したマシュミ党、社会党の解散。五九年七月の「四五年憲法」への復帰と指導される民主主義体制の独走。ナサコム体制下の国民党左派と共産党の進出。六三年五月、終身大統領制の導入によるスカルノ独裁制の完成。同年九月マレーシア対決政策の宣言。共産党の指導権掌握とジャカルタ・北京枢軸外交の推進。六五年一月国連脱退とネコリム（新植民地主義）粉砕闘争。かくして国際的孤立化とインフレと経済破滅への道を。

一九六五年、武装革命を企図した共産党の「九月三十日運動」の挫折。その結果として、反共の陸軍主流が次第に政治の実権を掌握し、今やスカルノ体制は完全に没落して、インドネシアの政治舞台は急旋回を遂げた。スカルノ氏は今なお辛うじて大統領の空名を維持しているものの、六七年三月十二日の暫定国民協議会の決定により、政治の全権はスハルト大統領代行の手に帰した。こうして、スカルノ氏の栄光にみちた政治的生涯は終りを告げた。その全生涯を政治に捧げることを天職と信じて疑わなかったあのスカルノ氏が、残酷な運命の笞《むち》を男らしく甘受し、失意の苦悩を癒す術を、何に求めようとしているであろうか。

インドネシアの経済再建の急務は、ハッタ博士の再登場を必要としていることだけは確かだといえるけれども、現状では博士の政界復帰の可能性は、ほとんど望み難いといわねばならない。ハッタ博士を想う時、いつもギリシア哲学史やドイツの哲学書に埋まった彼の書斎が、懐かしく眼に浮かんでくる。それと同時に、あの「夕暮れの富士」の絵を、われさきにとスカルノ氏と争った当時のほほえましい光景が、まざまざと脳裡によみがえってくるのである。

（「心」一九六七・七・一）

スカルノ大統領会見記

共同会見から単独会見へ

一九六五年八月十七日の独立二十周年記念式典は終ったが、式典に参列した海外からの賓客の接待で、スカルノ大統領の身辺は多忙をきわめていた。私の単独会見の機会がはたしてやってくるかこないか、心配はつのるばかりであった。そのうち日本から東南アジア派遣親善国会使節団の荒船清十郎代議士一行がやってきた。八月三十日に大統領と会見することがわかり、斉藤鎮男大使のすすめにしたがって共同会見の仲間にいれてもらうことになった。

当日午前十時四十分、大使秘書宮本信生書記官同道で、私はムルデカ宮殿におもむき、ロビーで荒船代議士一行の到着を待っていた。訪問客名簿に署名し、壁間を飾るパンゲラン・ディポネゴロの勇壮な馬上の奮戦ぶりを描いた大きな油絵や、デッサンの彼の肖像画を眺めているうちに、定刻十一時、大使の先導で一行が現れた。待ちかまえたように扉が開かれ、私も一行に加わって謁見室に入った。一人ひとり大使の紹介で大統領と握手をかわした。私の名前が紹介された時、大統領は私の顔を見つめて、「板垣将軍の身内の者かね」と聞かれたので、「縁者ではありません」と答えた。大統領が最後まで私の名前を記憶されたのは、これが機縁になったようだ。

荒船使節団長はまず大統領の健康を祝福し、それから日本とインドネシアとの経済協力関係促進に関する一般的な問題について、大統領と談合された。荒船さんはたいへん明朗闊達な人柄で、会話のやりとりもきわめてざっくばらんで、側で聞いていて気持よく、すっかり大統領の気に入ったらしく、やがて「お互いに友達になろう」と言いながら、大統領は突然に両手を出して荒船さんに握手されようとした。その時荒船さんの右手の指先の包帯を目ざとく見つけて、「その傷はどうしたのだ」と聞かれた。その時荒船さんはすかさず、「いやこれは昨夜インドネシアの美人に噛みつかれたのですよ。大統領も日本へお出での時、日本の美人に噛みつかれないよう用心してください」と、ユーモラスな冗談を飛ばしたので、一座は大笑いとなった。大統領もそれには負けず「いや自分なら、日本婦人に噛みつかれる前に、こちらから先に噛みついて離れませんよ」とやり返したので、さらに大笑いとなった。私は大統領の機智に深く打たれると同時に、この会見を通して、スカルノ大統領の日本認識の深さと、日本人に対する愛情の深さに強い感銘を受けた。

三十分の会見時間も終りに近づいた。大使の目くばせで、私は席を立って大統領の前に進み、かねて用意していた筑摩書房の『日本文化史』第二巻（平安時代）と第五巻（桃山時代）の二冊を献上した。右の年代を西洋暦になおして簡単な註釈を加える私の説明にうなずきながら、

「二巻と五巻だけであとはどうしたのか」

と大統領は私の顔を見上げた。

「全部で八巻で完結するのですが、私の出発前に漸く二冊目が出版されたのです。あとの分は刊行され次第お送りいたします」

と私は約束した。大統領は私の贈物をたいへん喜ばれ、頬をほころばせながら、

「自分は日本文化の遺産を高く評価している。自分もインドネシア文化の個性と独自性について、いつも強調している。およそ国家の建設というものは、芸術家のような創造的精神を持ってやるべきものなのだ。国家は芸術品である」

と、力強く言い切って、うながすように私の左腕をかかえて立ち上がった。

「板垣教授は文化に非常に興味を持っておられるようだが、これを見給え。これは千四百年前

の中国の磁器製観音像だ。またこれは二百年前のバリ島のガルーダ（霊鳥）の木彫だ」

と、誇らしげに指差された。次に指差されたのは伊東深水筆の美人画の大作だった。これは首相官邸にあったものを、大統領が所望されたので池田首相から贈られたものである。眼の切れ味に知的な鋭さを感じさせ、やや横向きの姿態にやわらかみのある艶麗さを漂わせていた。あとでスカルノ大統領の第三夫人デヴィさんのプロフィールにそっくりであるのを知った。

私の側にいた斉藤大使は大統領に向って、

「板垣教授は日本における有数のインドネシアの研究者で、大統領からパンチャ・シラ（建国五原則）のことについて、親しくお話を聞きたいと希望している。短時間でよいから是非お願いしたい」

と口添えしてくれた。

「パンチャ・シラのことなら、二時間でも三時間でも話さねばならない。それでは火曜日に決めよう。時間はあとで知らせる」

と、大統領はその場で待望の単独会見の日どりを決めてくれた。共同会見をしたために単独会見の機会が失われるのではないかと、内心不安を感じていた私の杞憂は一挙にふきとんだ。

大統領へ十の質問

九月二日、待ちに待った大統領との会見の日がやってきた。日章旗を風にひるがえしながら進む大使の車に同乗し、インドネシア語にかけては第一人者といわれる永井重信書記官を帯同、ムルデカ宮殿の正門から入った。応対に出た大統領秘書も私の来訪を予期していた。官邸のロビーで同じく大統領との会見を待っているマルタディナタ海相ほか三名の海軍将官と、しばらく話し合った。将官連が大統領との会見を終り、私たちが謁見室に入った時、時計は十時五十分を指していた。

もはや自己紹介の必要もなく、すすめられるままに、私は大統領の直ぐ右側の椅子に腰をおろした。大統領の左側には、ルスラン・アブドルガニ国務相が付き添いとしてすわっていた。斉藤大使は机をへだてて正面に、永井書記官は大使の右側に座を占めた。私は英語で話すことの許しを乞うて、さっそく切り出した。私は次の十の質問を用意していた。

(1)一九四〇年十二月中旬、閣下がまだ配所の月を眺めておられるスマトラのベンクーレンの町を訪れ、閣下が住んでおられた邸を、外側から眺めて敬意を表しました。スマトラ在住三十年という日本人雑貨商の鶴岡さんから、閣下の日常生活の様子を聞き、また近代日本の歴史、孫文の三民主義、ケマルのトルコ革命などに関する沢山の書物を蒐《あつ》めて、さかんに勉強しておられることを聞きました。パンチャ・シラの国家哲学はもちろん閣下の独創的な思想であることは知っていますが、この時代の研究がパンチャ・シラ思想の形成に何らかのヒントを与えたでしょうか。パンチャ・シラ発想のいきさつについて。

(2)同じく四〇年、四一年の頃、閣下はムハマディヤー協会の回教教師に任命されたのは、どういう理由ですか。ムハマディヤー運動が推進した回教近代主義の改革思想や実践を、どのように評価しておられますか。

(3)閣下のイスラームに対する考え方について。閣下は、インドネシア文化における民族個性(カプリバディアン・ナショナール)を力説されますが、それとの関連でキ・ハジャル・デワンタラによって創始されたタマンシスワ運動の思想や業績を、どのように評価しておられますか。

(4)インドネシアの民族個性はゴトン・ロヨン(相互協力)であり、パンチャ・シラはインドネシア民族個性の体現であると、演説のなかで述べられているが、それをどう理解したらよいでしょうか。

(5)パンチャ・シラとナサコム体制とのあいだに、論理的な必然的関係があるとすれば、それをどう説明したらよいでしょうか。

(6)「指導される民主主義」という理念にふくまれた指導性の社会的、文化的基礎は何か。村落レベルで妥当する民主主義を、そのまま国家レベルまで拡大することは、理論的にも実践的にも困難があるのではないでしょうか。

(7)「マルハエニズム」(農村プロレタリア主義)は「インドネシア型の社会主義」と同一の概念と理解してよいでしょうか。その理論的基礎は何か。マルクシズムの理論とのあいだにどんな関係がありますか。

(8)一九一七年にオランダ人のバールスからマルクシズムの理論を最初に学んだということですが、その時彼はどんなことを教えましたか。

(9)民族的統一や団結を基礎として発展する民族革命と、統一や団結を破壊する階級闘争を基礎として推進しなければならない社会革命との関係を、どのようなやり方で調和しうると考えておられるでしょうか。

(10)インドネシア革命の理念は「諸革命の革命」であり、それは「人類革命」の理念につながっているといわれるが、どういう意味でそうなのでしょうか。

愛用の黒いベルベットのソンコ帽を脱いで寛いだ姿のスカルノ大統領と対座し、私の問いに答えて記憶の糸をたどるように静かに語り出す大統領の言葉に、私は耳を傾けた。

会見を終って

第（5）の質問にまで及ばないうちに、会見の時間は切れて十二時になってしまった。しかし、第（6）の質問は第（4）の説明の中で十分に答えてくれたので、半分は目的を達したといわねばならない。私はこの会見を通じて、スカルノ大統領の革命思想の性格と革命実践の特質に関して、多くのことを学んだ。わけても、彼のイスラームに関する認識の深さに、強い印象を受けた。

辞去するにあたって、記念のための写真撮影を乞い、私のカメラを永井書記官に手渡した。大統領と向い合って会話のポーズをとろうとした時、突然に大統領がインドネシア語で私に問いかけてきた。「二かける二は、日本ではいくつか？」意味はすぐわかったが、あまりに突然のことでもあり、殊に「日本では？」と謎をかけられたような妙な気持で瞬間返事をためらったが、「やはり四でしょう」と答えると、大統領は大きな声で「そうだ、その通り」と笑いながら右手を広げて私の方へつき出した。永井氏がなおカメラを向けてかまえているのを意識してか、「それでは、板垣教授、水はドライか、それともウイットかね」と第二問。すかさず「もちろん、ウエットですよ、大統領」と答えたものの、ユーモアもウエットもない自分のとんまな返事に、われながらあきれていると、「それ、その通り」と、大統領はいたずらっ子のように大笑いされた。パチパチ写した笑いの場面の一部がこれである。

「実はねえ、周恩来と一緒に写真を撮った時、あまりにくそまじめな顔をしているので、同じ質問で笑わしてやったのだ。あとで自分の一生で一番よい笑顔が撮れたといって礼状をよこしてくれたよ」

晴れやかな談笑のうちに周恩来待遇を受けた私は、大統領の好意を謝しつつ、思い出深いムルデカ宮殿をあとにした。なぜあの時、「日本では五ですよ。インドネシアでも五でしょうね」と、すばやく切り返せなかったのか。自分のカンのにぶさを憐れみながら。

(「生産性」一九六五・十一・一、「緑丘」一九六五・十二・五)

Column

「一垣会誌」卒寿記念号より

「プリブミ街道」と板垣先生

田中健二
（昭和四十四年卒）

あれは一九七五年だったと思います。小生がジャカルタに板垣先生をお迎えした時のことです。小生は当時在インドネシア日本国大使館に勤務しており、先生は何人かの学者さんからなるミッション（それが何のミッションだったかは記憶力の減退に悩む小生にとっては到底思い出せない次第。きっと板垣先生はしっかり記憶されているでしょうが）のリーダーとして来訪されました。

ジャカルタでは、当時のインドネシアの経済運営を握っていたバークレー・マフィアのボス的存在のスミトロ大臣以下、サドリ鉱業大臣、サリム運輸大臣等々のお歴々と会談を持たれました。大使館側ではなかなかアポイントが取れないのではと懸念したのですが、杞憂に終わりました。先生の顔の広さに「末端」教え子として大変驚くとともに鼻高々でありました。

そんな活動日程の中バンドンに車で出掛けることとなりました。四半世紀も前のことですから、首都ジャカルタですらタムリン通りにポツポツと中層のビルが建っているぐらいでしたが、それでも外国からの第一次投資ブームでわが国をはじめとする外国企業の進出が激しく、街には外国製品の広告が乱立しておりました。また、通りにはトヨタやホンダがベチャ（三輪の人力車）を押しのけて走っていました。先生ご一行と小生はそんなジャカルタから抜け出してバンドンに向かったのですが、しばらく走ると日本企業の看板もなくなり、また自動車とも殆どすれ違うこともなく見かけるのはベチャぐらい。また少し遠くを見れば、水牛に引かせた鋤で水田を耕している農民の姿。これが延々と続くうちに、車の後部座席から外を眺めておられた板垣先生がポツリと、「これが本当のインドネシアですね。プリブミ街道と名付けましょう」と。植民地主義という歴史の遺産を背負い、これからの経済発展も外国企業に頼らざるを得ない状況にある東南アジア諸国を長く研究されてこられた先生にとって、感慨深い風景だったのだと思います。先生が常日頃口にされていた「相手の立場に立って考える」姿勢とこの時のお言葉を合わせ考えると、先生がインドネシアの人々の真の発展と幸福を願っておられるのが強く感じられ印象的でありました。

第六章　アジア論・国際経済協力問題

「ヨーロッパ発祥の学問でなければ学問にあらず」という昭和初期の教育界の風潮の中にあって、氏は頑なに「アジア」にこだわり、それは九十歳に達しても変わることはなかった。アジア諸国がようやく独立を勝ちとったが貧困にあえいでいた一九五〇年代、六〇年代に書かれた氏のアジア論は、今読んでも十分通じるし、二十一世紀に至ってなおアクチュアリティを失っていない。

アジア文化交流の焦点

　アジア諸国間の文化交流や文化的提携の必要なことについては、いつも熱心に叫ばれながら実際には、かけ声ほどの成果はあげられていなかったといってよい。しかしこの一両年、アジアを舞台とする国際会議がようやく頻繁となるにつれて、たんに政治家や外交官や実業家のみでなく、一般文化人、知識人の往来もはげしくなり、知的交流の機運もかなり高まってきたことは事実である。

　しかし、いったいアジアの文化交流の中から、何を人々は期待しているのであろうか。もちろん、文化人の相互接触や、有形無形の文化財の相互鑑賞によって、諸国間の親善感情や友好的理解を深めることは、大きな成果であろう。しかし、アジアの文化交流の意義はそれにつきるのであろうか。いな、アジアの文化交流には、何かもっと大きな世界史的意義が含蓄されているのではないだろうか。また、そのような世界史的意義が実現されるためには、そのにない手たるにふさわしいだけのアジアの自主性や連帯性について、もう一歩つきこんだ自覚や努力が必要なのではなかろうか。

「アジアは一つ」とは何か

そこで私は、まずこの問題を考える手がかりとして、かつて二十世紀のはじめ、東洋美術の先覚者であった岡倉天心が、その著『東洋の理想』の冒頭に提起した「アジアは一つである」という、あの有名な命題の意味を考えてみたい。彼がこの命題で言おうとしたことは、アジアの諸民族はインドの宗教と哲学、中国の道徳と科学という全アジア民族に共通な文化的財宝を再認識し、再評価することによって、偉大な理想の生命を獲得することができるのだ、ということであった。「アジアは一つである」という感情は、このようなアジア人の自己探求の精神と自己認識の中に、深く根差していることを示唆した点で、彼はまさしくアジアのルネサンスについて語ろうとしたのである。

彼のこの言葉は、アジア民族の真の願望を深く理解しない日本人によって、第二次大戦中、しばしば誤って用いられたのであるが、今やわれわれは過去の忌わしい思い出を拭い去り、しかも天心が生きていた時代とはまったく一変した新しいアジアの現実に即して、彼の命題の新しい意味づけを発見しなければならない時がきたことを知るべきである。

今日のアジアは、アジア自体にとっても、世界全体にとっても、歴史の転換期にある。アジアは長いあいだ、西欧帝国主義諸国の植民地、半植民地、属領として従属的地位にあった。アジアは西欧諸国の政治的経済的利益のための政策の手段であっても、みずから自主的な目的の立場に立つことはできなかった。しかるに新しいアジアの情勢変化は、植民地アジアを鉄鎖から解放して、独立自由アジアたらしめた。これを可能にしたものは、いうまでもなくナショナリズムの革命的な力であった。たしかにアジアはこの力によって民族独立革命をなしとげ、アジアの主人公としての正当な地位をとりもどすことができた。今や何人《なんびと》もアジアに対して外側から指図をしたり、命令を下したりすることはできない。アジア人の運命を切り拓くものは、アジア人自身の手であり、アジア人の未来を決定するものは、アジア人自身の意志以外の何物でもない。このような意味で、アジアははじめて自主性を回復した。この事実こそ、アジアの来るべきルネサンスにとって、決定的に重要な出来事である。

しかしながら、ひるがえって考えてみると、西欧支配からの政治的解放という一事だけで、アジアの自主性がただちに確立されたということは速断である。政治のみならず、経済、社会、文化の各方面にわたって、民族の内部からの自律的な発展をなしとげることによってのみ、はじめてアジアの自主性が、名実ともに確立されたということができるからである。

反植民地主義による連帯

第二に、重要なことは、アジアの一体性ないし連帯性ということである。アジアが常に一つのアジアとして意識し行動するということである。アジアのどの地域に起こった出来事も、孤立した現象は一つもない。現在のアジアにとって、何よりもまず必要なことは、全アジア民族としての統一ということである。この統一の中においては、そのいずれの一員も他員の運命を自己に無関係な運命と考えない、というような真の統一である。このような統一の感情の中に生きることによって、はじめてアジアは一つであるという命題の現代的意義が生まれてくるのである。

もちろん、あるがままの現在のアジアは、統一というよりも分裂、一体というよりも多様であることは否定できない。たとえば、ヨーロッパが一つであると考えるような意味で、一つのアジアを考えることは困難である。ヨーロッパは、宗教的には一つのキリスト教共同体に属し、文化的にはギリシア・ローマの遺産を承け継ぎ、言語においても共通の基礎を持っている。しかしアジアには、このような共通の地盤が存在していない。古いアジアにしても、新しいアジアにしても、統一性より分裂性、連帯性よりも孤立性の要素があまりにも多い。宗教的にも、ヒンズー教、仏教、イスラム教、儒教、キリスト教、神道にわかれ、言語の相違もヨーロッパと比較にならないほど複雑多様である。

今日のアジアを相互に結びつけている唯一の要素は、植民地アジアとしての共通の運命の中から強烈に燃え上がった反植民地主義というナショナリズムの感情だけだとさえいうことができる。アジア・アフリカ会議の成功もこの反植民地主義という一本の太い線でしっかり結びついたからだということができる。

よくいわれるように、現在のアジアは、国際政治の面で、共産アジア、反共アジア、第三地域アジアの三つのアジアに分裂している。しかしそれにもかかわらず、反植民地主義というナショナリズムの面では、いつでも一つに結びつくのである。国際関係の錯綜の中で、アジアの情勢は混沌として見きわめ難いように見えるけれども、ナショナリズムの基本線では、無条件に一致しうる基礎を持っていることは、きわめて明瞭である。

新しいアジアのナショナリズム

このように見てくると、アジアの自主性も一体性も、アジアのナショナリズムと切り離しては理解できないことがわかる。ナショナリズムは新しいアジアの形成のかけがえのない原動力なのである。しかしアジアのナショナリズムとはいったい何であるのか。それはたんに反植民地主義という否定的な概念にとどまるべきものではなく、もっと積極的な概念として、アジアにおける近代国家、近代経済、近代文化の形成へのたくましい意志と努力を意味しなければならないのである。

もちろんここにいうアジアにおける近代化の過程は、かつてヨーロッパが歩いた道をそのまま歩む西欧化を意味していない。なぜなら、アジアにおける近代化の過程は、西欧における近代化の過程と、その性格、構造、使命に関して、まったく異なった背景を持つからである。アジアと西欧との現代的遭遇という歴史的事実から、そこに何らかの新しい創造的可能性が生まれなければならない。西洋の科学・技術・組織と、東洋の理想・道徳・精神との均衡の上に、いわば「文化的綜合」とも名づけらるべき新しいパターンの近代化の可能性こそ、アジアに期待しうるところでなければならない。このような世界史的使命感を共通に持つことによってのみ、アジアのナショナリズムは、アジアを一つのものとして固く結びつけ、創造的な任務に就くことが可能となるのである。

日本は今や、アジアを外側から眺める態度を捨てて、アジア内部の一員としての自己の地位にめざめ、かつて天心が叫んだ「アジアは一つである」という命題の現代的意義を再認識し他のアジア諸国と手をたずさえて、人類の世界史的課題にとり組む決意をかためなければならない。アジアにおける文化交流の焦点は、まさにこの一点にあるのである。

（「国際文化振興会会報」一九五六・六・十）

アジア経済研究所前史の一齣——箱根会談

昭和六十年一月二十六日、貿易研修センター虎の門事務所で開催された「藤崎信幸追想座談会」記録の一節。

（出席者／甲斐卓、桶舎典男、栗本弘、田中すみ、萩原宜之、武藤信夫、野田寅次、根岸富二郎、山本登、川野重任、板垣與一）

川野　板垣さんがロックフェラーの金をもらって海外に留学したのは何年でしたか。三十一年か二年だね。

板垣　一九五七年——昭和三十二年です。

川野　三十二年にそれこそ例の箱根会談が行われました。岸（信介）さんが奈良屋に来ているとわかって、藤崎君が電話で会談の交渉をし、ゴルフに出掛ける前の岸さんをつかまえて話をしたのですね。

板垣　一時間十分のインタビューをやったんですよ。アジア経済研究所創立の前史としては、そこから話をしなければならないんです。これは昭和三十二年（一九五七年）八月二十六日の朝のことです。僕は九月二日に海外に出掛けるので、八月二十五日に僕の送別会が箱根で持たれたのです。

川野　岸さんはあの時に外務大臣か。

板垣　岸さんは総理ですよ。

川野　総理かね。総理がえらく安直に会ってくれたものだね（笑）。

板垣　藤崎君は総理の秘書と親しい間柄だったので、うまく根まわししたんですね。

私の送別会を石葉亭でやって、盛んに議論しているうちに大体四つばかりのポイントが出てきたわけです。そのポイントを是非岸さんのお耳に入れようということでたちまち意見が一致して、すぐ電話をかけることになったんです。岸さんは朝いつも八時にゴルフに行かれるのを一時間遅らせてもらったのです。写真を写したり、また色紙をもらったりしたので実際上は一時間二十分ぐらい時間を潰すわけですけどね。この岸さんとの会談の場をセットしてくれたのが藤崎君です。それで当日、岸さんの真ん前の椅子に私が座って、その隣に藤崎君、川野さん、山本さん、原さん。

山本　原覚天さんも一緒だったかな。

栗本　いや、いた。あれは新聞に出たんです。

板垣　もちろんいたんだ。写真に残ってるよ。一応僕が代表してフォア・ポインツの説明をやったんですが、アジアの経済発展とか、あるいは技術協力とは何ぞやというそういう概念規定から始めて、日本のアジアに対する経済協力というのは一体どういう考え方でやらなきゃならんとかね。そのころ池田（勇人）さんが、アジア・ライス・バンクの構想について発表されておった。

最初に僕が言ったことは、「私どもはゆうべみんなで話し合った勝手なことを、これから申し上げます。いちいちお答えしていただかなくてもいいんです。ただ聞いていただくだけで結構なんです」と。だから最初のスリー・ポインツについては向こうは何も質問されないで黙ってただ聞いてるだけ。それから最後に第四のポイントとして、「アジア研究所を是非つくってほしい」と言ったら、そこで岸さんがはじめて口を切られた。「予算はどれぐらいか」と。「三十億の規模を考えている」「その根拠は何か」と言われたから、「満鉄の東亜経済調査局は昔の金で一千万円の規模で動いていた。それから東亜研究所は五百万でやっていた。それを今の金で仮に前者が百億、後者を五十億とすれば、三十億ぐらいの規模が必要だと考えている」と。「それをどう使うか」と質問された。そこで、「半分の十五億は日本の国内で、研究所に要する諸費用、研究費その他を賄う。あとの半分の十五億は東南アジアの各地にリサーチ・センターをつくる。つまり東南アジアの現地に触覚を持った研究所でなければ本当の東南アジアの研究はできない。十五億は外で使うのだ」と言ったら、「わかった」と。そこで岸さんとの会談が終った。

その後藤崎君が動き出したのは、僕は海外に行っていて知らないんだ。あとから聞いた話では、学界有志二十氏――その中に中山伊知郎先生、東畑精一先生、赤松要先生、蠟山政道先生とかね。それで学界有志二十名の『要望書』というか『建議書』というのか、その趣旨を書いたのは藤崎君で、それが残っていればいいんですがね。

根岸　残っていますよ。正式な名前は『アジア研究機関設立に関する要望書』というんです。

板垣　その要望書を見たいですね。国文科出身の彼の名文で綴られていることでしょう。起案書なんか彼は素晴らしく要領よく立派な文章で書くからね。昭和三十二年の十二月に岸さんの方で一千万の予算がつくんです。それに通産省の方から二千万、小林中さんあたりの財界の方から二千万で、合わせて五千万ぐらいのめどでスタートすることになり、三十二年のたしか十二月八日に創立の発会式で旗揚げすることになる。

その間、学界に協力を求めて、折衝したり運動したのは全部藤崎君のイニシアチブだったというわけです。

川野　箱根での会談で岸さんと会った時は私も一言是非言っておかなきゃいかんなと思って言ったのは、「板垣さんがこれから出掛けるんですけど、これは残念ながら文部省の金でも何でもないんです、アメリカの金ですよ」ということです。

山本　だけど、最初に首相官邸へ陳情に行って、その結果がどうかと思ったら、待合室で随分待たされたの。その時われわれの先客というのが東畑先生なんだ。

川野　逆、逆。あれは僕らが陳情を終えて出てきたら東畑先生がベンチに座ってるんですね。僕の顔を見て、「君、何しに来たんだい」と言うんですよ（笑）。東畑先生は農業団体の予算折衝でしょう。総理の執務室までなかなか入れないですわね。それをわれわれが入れてもらって出てきたからびっくりしちゃってさ。

山本　それで岸さん「うん」と言ったんだよね。最初に幾らつくのかと思ったらたった一千万しかつかないというんだよ。

板垣　一千万つけばいいんだよ。

山本　いや、僕はそういうのを全然知らないから。それで藤崎君に、「一千万ぽっちもらったってしょうがないじゃないか」と言ったら、「そんなことないんだ。これで道がつけばこれは来年は三千万になるし、これで一千万ついたということで金が集められるんだ」と言ってね、それで五千万になっちゃったのか。だから折角陳情に行ってたった一千万かと思ったんだけど、もうそれを取ることが大変だったんだね。

板垣　そうそう。最後の復活折衝なんかの時、最後の土壇場のそういうところでは首相は三億か五億の自由な金を持ってるんですから、それで「調査費」とかなんとかいってつけてくれると、それでもうスタートすれば、あとは高度成長の波に乗って今日ではアジ研は三十億の予算規模にまでなってきているわけです。バジェット・スケールでは実際世界一です。そういうところまで成長した。

それももとはと言えば、藤崎君がそこら辺あたりをすべて段取りをつけて、ちゃんとつくるところまでは、ものすごい計画力と実行力を持っていた。

川野　できちゃうとだめなんだよ。さっきだれかがおっしゃっていたけど（笑）。

（板垣與一編『アジアに道を求めて──藤崎信幸追想文集』論創社　一九八五年）

東南アジア政策への道標——経済的ナショナリズムの認識を基調として

日本の基本的な姿勢について

あまり深い自覚もなしに、われわれはアジアの日本であり、日本はアジアの一員である、という。たしかに地理的に見ても、人種的、文化的に見ても、日本がアジアの中にあり、その意味でアジアの一員であることは疑いをいれない。しかしこのあまりにも自明的で直観的な事実が、かえってしばしばアジアにおける日本の地位に関して、真剣な自覚を妨げ、安易な考え方に堕せしめる原因となっているのではなかろうか。口ではアジアの一員といいながら、実際にはアジアのまっただ中に生きる一員として行動するのでなく、案外アジアを外側から眺めているにすぎない場合が多いのではなかろうか。ここに出発点における一つの問題がある。

いうまでもなく、アジアの一員という意識は、日本の主体的な自覚を基礎としてはじめて意味のあるものとなる。つきつめて考えれば、アジアの運命を自己の運命と無関係なものと考えないほどの強い覚悟がその根底になければならない。切れば血の出るような一体的な共同体意識を根底とした自覚に立つのでなければ意味がない。といえば人々ははじめて事の重大さをあらためて認識するであろう。

このような強烈な主体的自覚のもとに、日本がみずからアジアの一員として考えるということは、具体的には何を意味するであろうか。それはまず第一に、基本的には、他のアジア諸国にとってかけがえのない力と行動の源泉であるナショナリズムを理解するということである。彼らはこの力によって政治的独立をなしとげ、そして再びこの力によって経済的独立をはかろうと焦慮している。しかし政治的独立は革命によって一夜でできようが、経済的独立はそうはいかない。経済的独立への道は苦難にみちた長い努力の過程である。いかにナショナリズムが旺盛であるからといって、それのみでは解決できない。それは彼らにとっても当然すぎるほどよくわかっている筈である。何よりもさしあたり、経済発展のために必要な資本や技術が不足している。そこで、どうしても外国からの資本や技術の援助を必要としている。しかし、そうかといって、経済援助の代償として政治的独立を犠牲にすることは、彼らのナショナリズムの感情として耐え難いことである。このディレンマと深い悩みの根源に対する温かい同感なくして、日本は正当にアジアの一員を語る資格はない。

日本の新しいアジア政策は、あくまでもアジアの繁栄と発展が、とりもなおさず日本の繁栄と発展であるという基本認識に立つものでなければならない。いいかえれば、アジアの繁栄なきところに日本の発展はないということである。今日においては、日本経済とアジア経済との結びつきは、たんなる経済問題を越えたところにある。このことを一言でいえば、日本がアジアの経済的ナショナリズムとどのように調和し協力の道を発見しうるか、ということに帰着する。

アジアの経済的ナショナリズムとは、これまでの従属的植民経済から脱却して、工業化と経済開発によって、バランスのとれた近代的国民経済へ発展せんとする民族的熱望を、意味している。日本の工業力と技術との提携が、アジア経済の開発と発展のために、大きな意義と役割を持っていることは、日本が説明するまでもなく、彼らは百も承知している。しかしながら、アジア諸国にとってそれが価値あるのは、あくまでも彼らの願望する民族経済的発展を阻害しない限りのものであって、それ以外の何物でもない。もしこの視点を忘れ、日本が自国の経済的利害の立場から考えて、いくら経済協力を叫んでみても、それはただ彼らをして、戦前の日本の経済的侵略の悪夢をよみがえらせるだけであろう。いわんや、日本の対アジア貿易拡大や開発援助が、かつての植民地市場における獅子の分け前を争うごときものであるならば、その帰結はいわずして明らかであろう。日本のアジアに対する貿易も投資も、経済協力も技術援助も、このような性格のものである限り、われわれはアジアの一員として語る資格を失うのである。

問題の根本は、われわれのアジア諸国に対する基本的な姿勢と覚悟と用意にある。アジアはもはや昔のアジアではない。そこにはまったく新しいアジアが生まれた。そしてこの新しさをささえるものは、自主独立へのナショナリズムの要求である。彼らはもはやいずれの国の政策の手段たる地位にも甘んずることはない。したがって、日本のアジアにおける地位も役割も、日本がアジアの最も強い願望の側に立ち、それの理解と協力の上に、アジア諸民族の承認しうる関係をいかにしてうち樹《た》てることができるか、によって決まるといわねばならない。日本が現在アジアの直面しているところの課題に対して果しうる寄与は、日本があくまでもアジアの一員としての自覚に徹し、他のアジア諸国と平等の立場において、共通目的を分担するという謙虚な態度をもってのぞむのでなければ、アジア諸民族の心からなる信頼を勝ちとることは、所詮不可能というほかはないであろう。

社会主義に傾斜する経済的ナショナリズム

このようなアジアに対する日本の基本的な姿勢についての一般的な反省の上に立って、問題の考察範囲を東南アジア諸国に限定し、また焦点を主として経済発展の側面にしぼって、考えてみることにしよう。

まず何よりも重要なことは、現在の東南アジア諸国が、経済発展の問題に関連して、どのような悩みに直面しているか、その問題の所在をはっきりつかむということである。問題の所在がわかれば、たとえそれに対する解決の方法をただちに見出すことができないにしても、それに対する理解ある立場に立って一緒に考えることができるのである。

さきにもふれたように、現在の東南アジア諸民族の願望は、何よりもまず彼らの経済的な独立の達成である。ところで彼らの理解している経済的独立とは、いったい何を意味しているのであろうか。

それはまず第一義的には、これまでの植民地経済的性格を払拭して、新しく自主的な国民経済を建設することを意味している。

東南アジア経済が植民地経済的性格を持つというのは、それは、一方において従属経済的であり、他方において複合経済的であるということである。まずこれを従属経済という側面から眺めれば、その特徴を二つあげることができよう。それは、第一には宗主国経済との関係における従属性であり、第二に世界経済、世界市場との関係におけるそれである。しかもこの二つの従属性は相互に密接に結ばれて、いわば従属性の二重構造としてあらわれているのである。

まず第一の点について述べれば、植民地は何よりもまず宗主国の必要とする食糧、原料の輸出市場であり、他方、宗主国からの製造工業品の輸入市場としての役割を与えられた。この地域諸国の経済的特徴が、食糧、農産物、原料生産の圧倒的優位と、工業化の未発達という典型的な後進経済的特徴をそなえているのは、明らかに、第一の従属性の産物であるといわなければならない。

従属経済の第二の特徴は、世界市場における景気変動の影響を、最もシャープに蒙るような若干の主要な第一次産品の生産に集中された、いわゆるモノカルチュア的生産形態をとったということである。東南アジア地域は概して熱帯植民地であったし、熱帯特産物の生産地として有利な立地条件をそなえていたために、このような結果が生まれたとも見ることができるであろうが、その極端なモノカルチュア的生産構造は、すべて宗主国経済の利益という観点から変形せられたものであり、国際市況の変動の影響を直接的に蒙る土着民経済の不安定性を生み出すこととなったのである。

次にさらにもっと重要な植民地経済的特徴の他の側面は、複合経済的構造を持つということである。複合経済といわれあるいは複合社会といわれるこれらの地域諸国の社会経済構造は、ヨーロッパ人、東洋外国人（華僑、印僑）、土着原住民の三重の階層から成り立つが、ヨーロッパ人は大企業または大農園の経営者または技術家として社会の上層部を形成し、華僑や印僑は小売業者、卸売業者、仲介業者、金貸業者として中間層を占め、土着原住民は農民または不熟練労働者として社会の下層部を形成する。このような人種の線に沿って生活および行動の類型を異にする複合経済社会にあっては、共通の社会意志の拘束力を離れた自由な市場メカニズムのもとでは、たんに所得分配の不平等の問題を越えて、経済活動そのものへの参加の機会を奪うという、不平等化要因の作用を見逃すことはできない。しかも、この不平等化要因の作用は、いわゆる累積的・循環的因果関係によって、ますます不平等を強める傾向を持つのである。こうして、複合社会的異質構造が土着民社会の潜在的な発展可能性を奪い、貧富の極端な格差をもたらし、経済進歩と社会福祉とのギャップをますます拡げる結果をもたらしたのである。そしてこのような複合社会経済構造は、植民地資本主義が東南アジア地域に侵入して、十九世紀末、急速な植民地開発を進めた副産物としてもたらされたものである。

戦後これらの地域の植民地は解放されて政治的には独立したが、植民地主義の残した遺産としての植民地経済的諸特徴は、そのまま根強く残存している。したがって、新興独立国が植民地経済体制を脱却して自主的な国民経済体制を樹立するということは、とりもなおさず、一方においては、従属経済的特徴としての不安定要因を除去し、他方において複合経済的特徴としての不平等化要因を排除することをめざしているのである。

今日、東南アジア諸国政府が、なんらかの形で着手し、または推進せんとしている「国有化」政策は、外国大企業、大農園、大商社、大銀行の独占的支配からの解放を志向している。「土地改革」および「協同組合」の推進は、東洋外国人の金貸業者、仲介業者の寄生的搾取からの自由への努力である。「工業化」ならびに「保護貿易」政策は、モノカルチュア的生産体系から均衡のとれた多様化された国民経済体系建設への努力を示している。いずれも国内的不平等化要因や国際的不安定化要因排除の政策的努力にほかならない。そしてこの政策的努力をささえている根源こそ、ほかならぬ東南アジアの経済的ナショナリズムなのである。

しかもここで注目すべき一事は、この経済的ナショナリズムが、その組織化の方途においてしばしば社会主義的体制革命の方法から多くの教訓を学びとろうとしていることである。ビルマもインドネシアもそれぞれのパターンの社会主義体制の建設をうたい、ネルーが第二次五カ年計画の構想の中に「社会主義型の社会」の建設を示唆したことは、この間の消息を明白に物語っている。現在アジアにおいては、経済発展の中国方式とインド方式とが比較されつつ、東南アジア諸国の多大の関心の的になっている。両国の成功ないし失敗の如何が、これらの諸国の経済的ナショナリズムの方向、態様、速度に大きな影響を及ぼすであろう。

しからば、何ゆえに東南アジアの経済的ナショナリズムが社会主義への傾斜を強めるのであろうか。それは停滞から発展への過渡期の不安定な段階において、複合社会の構造内部における隔絶、緊張が大きければ大きいほど、換言すれば植民地資本主義の残した遺産の不平等化的硬直性が強ければ強いほど、社会主義体制への移行の可能性は大きいと見なければならない。もちろん、その現実的可能性については、それぞれの植民地的後進国の政治的背景と社会的構造と経済的条件の相違によって異なるであろう。しかし、いずれにしても、東南アジア諸国の経済発展の問題は、すでに述べた意味での経済的ナショナリズムを根幹とし、しばしばその組織化の方向において社会主義への傾斜をふくむことを理解することなしには、十分に把握されないことを知るべきである。

東南アジア経済協力の方向

もし現在の東南アジア諸国が直面している経済発展の課題の性質と、その解決の政策的努力の方向が、以上のごときものであるとすれば、わが国の東南アジア経済政策の進むべき道は、おそろしく困難に満ち、単純なものとはなりえないであろう。これまでのような日本の経済的利益の観点にのみ立って、東南アジアに対する貿易拡大とか投資促進とか、経済協力とか技術援助を叫んでみても、たちまち彼らの経済的ナショナリズムの壁にぶちあたり、その反発を買うにすぎないであろう。もちろんわれわれは東南アジアの経済的ナショナリズムが、その発現の仕方においてすべて合理的であると盲目的に承認しているのではない。しばしばあまりにも性急でエモーショナルないきすぎがあることを認める。しかしそれにもかかわらず、植民地から独立して間もない東南アジア諸国、しかもその直面している課題の性質は、かつて植民本国であった西欧諸国や日本にとって、ほとんど実感することのできぬほど深刻なものであることを知らねばならない。

これだけの前提をふくみながら、また東南アジアの経済発展なしに日本の発展はない、という基本的姿勢でなしうる、あるいは果しうる役割は何であるか、を考えてみなければならない。それがわが国のこれからの東南アジア政策の道標というものであり、そしてそれは同時に、わが国の東南アジア経済協力体制の再吟味を意味するものでなければならない。

資本協力

第一に、資本協力の問題がある。

経済開発と工業化によって生産力の発展を計画しつつある東南アジア諸国が、現在、最も切実に要求しているものは、何といっても資本援助である。資本による協力の形態は、基本的には民間投資と政府借款に分けて考えることができる。これまでの実績から見て日本の東南アジア諸国に対する民間投資も政府借款も、その金額はきわめて限られたものにすぎない。民間投資の少ないのは一つには受入れ国側の外資に対する制限的措置がきわめて厳しいことに原因がある。これはこれらの国における経済的ナショナリズムが、外国民間資本に対していわば本能的な猜疑心と警戒心をいだいていることに由来している。最近になって若干の国でこのような極端な態度を改めたものもあり、さらには、マラヤ、タイなど投資優遇政策へ踏み切った国もあるから、商業ベースから見てなお有利な投資環境とはいえないにしても、中または小規模の民間投資は東南アジアに対してかなり増える傾向があらわれるであろう。また最近は、プラント類輸出の延べ払い代金を投資に代えてほしいという要求が増加する傾向もあり、これに対する日本側の対策が整備されれば、そういう形態での民間投資も増えるであろう。しかし、全体としては東南アジアに対する民間投資の活動範囲は原則としては限られたものである。

したがって東南アジア諸国に対する資本協力の大旨は、何といっても政府間ベースの借款または贈与であろう。政府はインドの第二次五カ年計画に対して、合計七千万ドル、第三次計画に対して八千万ドルの円借款を与え、パキスタンの第二次五カ年計画に対して二千万ドルの円借款を与えた。国際的な低開発国援助体制としてのDAC（開発援助委員会）に参加している日本としては、将来とも東南ア諸国に対する資本協力体制を進めていかなくてはならないであろう。

しかし、ここで一考すべきことは、一方において、被援助国の債務累増の問題にからんで、借款供与はますます低利、長期の形態をとらねばならぬことと、他方において、クレディット供与の方式が、これまでのような個々の資本財の対日輸入資金にあてるというのではなく、一つのまとまったプロジェクトに対する借款供与、すなわちプロジェクト・パターンによる借款供与の方式を採用すべきだということである。いずれにしても資本協力の分野における政府の役割は、これからもますます大きくなるであろうし、一方において日本輸出入銀行の機能を強化するとともに、他方において、すでに発足を見た海外経済協力基金の活動を本格化しうるように、強力な措置をとる必要がある。

賠償問題

なお政府の資本協力に関連して、賠償問題について一言したい。賠償支払いはもちろん日本の義務であって援助ではないけれども、その経済的効果という点から見れば、一種の資本協力と見てさしつかえないと思う。日本の賠償は、純賠償のみに限って見ても、ビルマ、フィリピン、インドネシア、ベトナムの四カ国に対して、合計十億一千二百八万ドルにのぼっている。その実施状況もきわめて順調に進捗し、一九六一年七月末までにすでに総額の三分の一の支払いを終ったのである。支払期間は各国とも異なるが、なおここ数年間は年平均七千五百万ドル前後の支払いを継続しなければならないという意味で、賠償という無償供与を通して、これらの関係諸国の経済発展に寄与する意義は大きいといわねばならない。

なおこの機会に付言しておきたいことは、目下懸案中のビルマ賠償増額再検討交渉の問題である。これまでの交渉の結果、無償経済協力として、合弁事業方式を採用することまで決定を見たが、金額の折衝で行き詰っている。金額についても私見はあるが、微妙な交渉段階での発言を差しひかえたい。ただ是非述べておきたいことは、インドネシアやフィリピンとの賠償交渉が暗礁に乗りあげていた頃、ビルマの友好的な踏み切りによってはじめて活路が開かれたこと、賠償問題が報復や制裁の見地からでなく、経済発展のための協力の目標に位置づける雛型を示してくれたのがビルマであったこと、「公正かつ衡平な待遇」を要求する再検討条項はビルマのナショナリズムにもとづく威信（ナショナル・プレスティッジ）の問題であることを軽視してはならないということである。

技術協力

第二は、技術協力の問題である。

これは、ある意味では資本協力におとらず重要な問題である。資本協力が主として物的側面における協力とすれば、これは人的側面における協力であり、資本協力の先行条件でさえある。

技術協力の形態は、まず専門家や技術者の派遣と、技術研修生の受入れと二つあるが、このうちでも最も中核となるべきものは、技術研修生の教育訓練の問題である。技術研修生は、ICA（国際協同組合同盟）、コロンボ・プラン、その他政府や国連関係を通して受入れられているが、最近は、インドネシアの賠償による研修生の受入れは多数にのぼっている。これらの日本に学ぶ研修留学生は、本来の意味でのその国の第一線で活躍する平和部隊にほかならない。

近頃日本でもアメリカ式の平和部隊の構想がとりあげられているが、東南アジア諸国が真に求めている人材は日本人でもアメリカ人でもない。外国人は所詮は借り物以上の何ものでもない。アジアにとって大切なことは一刻も早く自分自身の足で立つことである。そしてほかならぬその目的のために必要な技術、技能の訓練を受けるためにきているのがこれらの研修生なのである。われわれは、技術研修生の受入れ体制の改善について抜本的な再検討を加え、いたずらなる所管争いをやめて、真に技術協力の成果をあげうる国内体制の整備に、協力一致の努力を払うことが肝要と思う。

また以上のほかに、直接海外に各種の技術訓練センターを開設して、現地での技術者、熟練工の養成計画を実行に移して好評を博しているが、これも技術協力の効果的な方式としてもっと徹底した形態で推進すべきであろう。

開発輸入

第三は、貿易面での経済協力の問題である。

これを経済協力と呼ぶには異論があるであろうが、しかし見方によってはそう呼んでもさしつかえない一面がある。日本と東南アジア諸国とのあいだの貿易拡大を通して、東南アジア諸国の生産力の発展に貢献してゆく側面である。もともと貿易拡大による生産力の発展という方途は、関係諸国にとって、最も本格的な正常かつ長期的な発展のルートでなければならない。しかしある人はいうであろう。それは先進諸国間の貿易には無条件に有意義であろうが、東南アジア諸国のような後進国においては、いまだそのような段階にはないと。

しかし私がここで考えている貿易面を通しておこないうる経済協力というのは次のことを指している。すなわち日本は貿易拡大という言葉によって、しばしば輸出増進のみを考え勝ちであるけれども、真に東南アジア経済との関係を密接にし、これらの地域の経済発展にも役立つことから考えてみると、これらの地域からの輸入増進にもっと力を入れなければならないのである。ことに最近東南アジア諸国のうち、たとえばビルマやタイ国と日本とのあいだにおける貿易のアンバランス是正の問題が大きな問題として浮び上がってきている。これらの国だけでなく一般に日本からの出超傾向は、米などの第一次産品しか売るもののない東南アジア各国に共通の問題である。このような片貿易傾向をそのままにしておいて、日本と東南アジア諸国との将来に向っての貿易の拡大を望むことは無理といわねばならない。

そこで、このような関係を是正するためには、日本は積極的にこれらの国から買うものをいわば創り出す努力をしなければならないのである。またそのためには、ある程度の資本援助や技術協力もともなわなければならないであろう。しばしばいわれる開発輸入への努力がこれである。貿易そのものは、あくまでも民間の商業ベースでおこなわれるので、高いもの、品質の悪いものは買わないのがあたりまえであり、貿易、為替の自由化とともにこの傾向はいっそう強まるであろう。商業ベース上の取引のみを放任して、貿易拡大をいくら叫んでも、効果は上がらない。これを打開するのが政府の肩にかけられた開発輸入助成政策の課題なのである。

地域的経済協力

第四に、そして最後に、地域的経済協力の問題がある。

この問題はこれまでアジア経済同盟とか、アジア開発基金とか、第一次産品価格安定基金とか、域内貿易促進とか、アジア共同市場の問題とか、いろいろな機会に、なんらかの形における地域的経済協力機構の可能性について議論されてきたが、ついに実現にはいたらなかった。それには種々な原因があろう。ひとつの有力な原因は、各国の経済的ナショナリズムが、このような協力機構をつくるのに消極的な態度を示したことと、何よりも、これらの諸国の政治的経済的条件が多角的な経済協力を必要とする段階にまで、成熟していなかったことにあるだろう。

しかし最近になって、これまでとは異なった新しい機運が動き始めている。それというのも昨年十月に正式発足をみた「経済協力開発機構」(OECD)の成立とともに、自由世界の協力援助体制が将来一本にまとまるような新しい動向が表れた、ということに関連がある。もちろんまだ実際には相互調整による協力の段階であって、統合とか共同化は将来の問題である。しかしこのような国際的援助体制の協力作業の方向がはっきりしてきたのであるから、いきおい被援助国側の受入れ体制についても、新しい協力の局面転換をはかる必要がでてくるであろう。

最近報ぜられている「アジア経済協力機構」(OAEC)も、最初はゆるやかな結びつきであっても、援助国側の要請と被援助国側の必要によって、次第により堅い結合体として成長していくことは可能である。そうなれば東南アジアの経済的ナショナリズムも、初期の狭い視野を次第に拡げて、大局的な共同の利益にめざめていくであろう。このような機運を次第に盛りあげていく地域経済協力の分野で、日本の果さねばならぬ役割と、それにともなう責任はきわめて大きいのである。

日本の対東南アジア政策に万能薬はないのであって、要は東南アジアの繁栄はすなわち日本の繁栄であるという原則的心構えに徹し、つねにアジアの経済的ナショナリズムが求めかつ欲している方向と速度を測定しつつ、政策のタイミングを失わぬことに、帰着するのである。

（「自由」一九六二年二月号）

アジアと日本との対話

日本とアジア諸国との体験格差

ライシャワーさんの駐日大使としての功績は、それまで失われていた日本とアメリカとの対話の回復にあった、と一般に評価されている。しかし、日本で生まれ日本で育ったあのライシャワーさんも、最後までわかったようでわからないのは、日本の「国民感情」だと述懐されていた。このことはわれわれにとっても意味深い。今アジアと日本との対話の可能性やその条件を考えてみようとする場合、やはり壁になるのは、とらえがたいアジアの「民族感情」ではなかろうか。

そもそも、対話が可能であるのは、個人間でも民族間でも、なんらかの意味での共通の経験とか体験が基礎にならなければならないであろう。共通の体験があれば、それにもとづく感情移入も可能となり、いわば共通の「場」での話し合いによる意見一致や問題解決も、比較的容易になるにちがいない。

アジアと日本とのあいだにこのような共通の体験とも呼ばれていいものが、いったいあるのだろうか。これまでの歴史をふりかえってみて、日本とその他のアジア諸国とのいちばん大きな相違は、なんといっても第一に、日本が植民地としての経験を一度も持ったことがないということである。もちろん開国当時、日本も植民地化の脅威をうけたが、よくこれを乗越え、やがてはみずから植民地を領有する帝国主義国にさえなったのである。この点で、そのほとんどすべてがかつて植民地、半植民地であった今日のアジア新興諸国とは、基礎経験という点で根本的にちがっている。植民地民族としての苦悩を一度も味わったことのない日本人は、とかくこのことを忘れがちである。

第二に、一人あたりの国民所得という指標で見れば、開国当初の日本の低さは、今日の低開発国とほとんど差異はなかった。しかし日本の過去の文化的遺産や知的水準ははるかに高いものであった。それとともに重要なことは、近代化への推進力となった技術進歩の速度は、今日とは比較にならないほど緩慢なものであった。今日のめざましい技術革新は、広範な合成化学の世界へ発展したばかりでなく、速さにはたとえ技術面ではついていけたとしても、それのおよぼす広範な影響を、経済、社会、生活面で適応し吸収していくことは、これらの国々にとってほとんど不可能に近いといってよい。

少なくとも以上の二点——日本が植民地としての経験がないことと、低開発国からの近代化への歩みが今日ほどきびしい技術的衝撃のもとになかったこと——において、現代アジアと日本との対話の際に、彼らの「民族感情」を理解するのに、大きな困難がよこたわっていることを、心にとどめないわけにはいかない。日本の近代化の経験がそのままアジア諸国にとって教訓にならないといわれるわけも、実はここにあるのだ。

こういったからとて、私はアジアと日本との対話の道がいっさい閉ざされていることを強調しようとしているのではない。私がここでいいたかったのは、対話ということは、言葉でいうほど生やさしいことがらではない、ということなのだ。

対話の精神を支えるもの

あまり深い自覚もなしに、しばしばわれわれはアジアの中の日本であり、日本はアジアの一員であるという。それはいったいどういう意味なのか。地理的に日本がアジアの中にあるという自明なことがらを指すのではないだろうか。日本人が同じアジア民族として、ある種の親和感を持つことをいいあらわそうとしているのだろうか。そうかもしれない。しかしそれは対話へのきっかけに役立つであろうが、ただそれだけのことである。

われわれがたんにアジアの一部ではなく、アジアの一員という時、それがなんらかの意味をおびてくるのは、少なくとも日本人の主体的な自覚に支えられた時だけなのである。主体的な自覚というのは、アジアの平和と日本の平和、アジアの繁栄と日本の繁栄、総じてアジアの運命を日本の運命と無関係なものと考えない、という強い連帯感にもとづいた自覚を意味している。

私がここでことさらアジアと日本との「連帯感」を持ちだしたのは、道徳論や理想論のレベルへ議論を移そうというのではない。そうではなくして、今日のアジア諸国が当面している途方もなく大きな政治的、経済的課題の性質とその困難さを思う時、われわれは進んで彼らの立場に身をおいて考え、彼らの奥深い悩みをできうるかぎり内側から理解しようと努めなければならぬという意味での「立場の転換」が、絶対的に不可欠であることを指摘したいためである。

相手の立場に立ってものを考えるということは、とりもなおさず対話の精神であり、この精神を支えるものこそ、連帯感にほかならないのだ。このような意味での連帯感なくして、ただアジアを外側から距離をおいてながめているかぎり、日本はアジアの一員として、正当に語る資格はないし、アジアと日本との対話もかけ声だけに終ってしまうであろう。

われわれは口を開けば、アジアの政治的不安定を憂い、アジア経済開発の遅滞をなげき、激情的ナショナリズムの不合理さを非難する。そして対話が不可能なのは彼らの責任であると言訳をする。しかしいったいなぜ彼らがそういう状態におちいったのかについて、果してわれわれは相手国の立場に立って内側から理解しようとする真剣な努力を試みたことがあろうか。

政治的不安定も経済的困難も、ただ統治能力の未熟とか、経営能力の欠如とか、民族の怠惰、怠慢にのみ帰することができるであろうか。たしかにそういう一面はあるであろう。しかし他面において、彼らをそうあらしめた社会や文化の伝統的後進性や、政治や経済の異質性や硬直性と、過去の植民地主義の遺産とがどれほど根深く結びついているかについて、思いをめぐらせたことがあるであろうか。

極度に低い所得水準と生活水準と、いっそう悪化せしめる爆発的な人口圧力も、考慮にいれなければならない。それに、外部から民族の独立や統一をおびやかすネオ・コロニアリズム的な圧力もある。また、経済の独立や統合の障害となる国際的な経済的不平等化要因もはたらいている。

このような苛酷な状況のもとで、彼らの政策選択は時として矛盾や撞着にみち、それによってますます問題解決を遠くへおしやる傾向さえある。そこには、希望と不信、焦慮と猜疑、挫折感と不満感のいりまじった複雑な民族感情がうずまいている。われわれはいたずらに欠陥や過失を責めたてるのでなく、この冷厳な現実理解の文脈の中で、とらえがたいといわれる「民族感情」の根源をつきとめ、そこからアジアと日本との永続的な対話の通路をさがし求めなければならない。

（「朝日新聞」一九六七・六・二十九）

過渡期のアジア・ナショナリズムと日本の立場

ベトナム問題の本質

激動するアジアの情勢の中で、ベトナム問題ほど憂慮すべき問題はない。エスカレートする北爆は、ハノイ、ハイフォンの聖域範囲を刻々とせばめ、ホーチミン・ルート遮断の戦略は、いや応なしにカンボジア、ラオスを戦火にまきこみ、タイ国をひきいれて、インドシナ半島一帯に及ばんとしている。

ベトナム問題の本質は、北ベトナムや南ベトナム解放民族戦線にとっては、ベトナム全民族の独立と統一の問題であり、アメリカにとっては反共主義と中国閉じ込め政策の問題である。ベトナムにとってはナショナリズム、アメリカにとってはコンミュニズムの問題である。いずれも戦争の大義名分をこのようにうたっているけれども、ベトナム問題の本質は、実はナショナリズムとコンミュニズムとのからみ合いにあるのであって、この両者を一面的に切り離せぬところに、問題の複雑性と解決の困難性があるといわねばならない。

しかもベトナム問題がベトナム一国内部の孤立した問題としてではなく、それを越えて、その背後に米中対決というアメリカのグローバルな世界戦略の一環として推進されているかぎり、その解決をいっそう困難なものとしている。休戦と平和交渉への呼びかけはむなしく空に消え、事態の悪化を不安と絶望のうちに見守りつつ、無力を嘆じているのが偽らない現状のすがたである。

民族の願望に即して

ベトナム問題は一つの重要なテスト・ケースであるが、一般にわれわれが激動するアジアの問題の核心をつかもうとする場合、何よりもまず心に銘記すべきことは何であろうか。それは民族の願望の立場に立って、アジアのナショナリズムを過渡期の動態として理解する、という態度である。

民族の願望に即して理解するということは、あくまでも相手国の立場に立って、彼らの奥深い願望を内側から理解することである。外側から勝手な理想を持ちこんでこれを強制しないことである。民主主義や自由の観念に、どれほどの普遍的価値がふくまれていようと、それを相手側に強制することは、すでにそれ自体自由の観念に反する。強制は相手の立場や願望を認めないことである。それはとりもなおさず、相手国の主体性を無視し、これを自国の政策の手段とみなすことを意味する。ここにこそ最も熾烈なナショナリズムの反撥を喚び起こす。アジアはもはや昔日の植民アジアではない。そこにはまったく新しいアジアが生まれた。そしてこの新しさをささえるものこそ、自主独立へのナショナリズムの願望である。

独立と統一と自由

アジア諸民族の力と行動の源泉であるナショナリズムには、基本的には三つの政治的価値がふくまれている。第一は民族の政治的独立であり、第二は国民の政治的統一であり、第三は社会の民主的自由である。独立と統一と自由――この三つの基本的価値をいかに政治的、経済的、社会的側面において、同時に実現してゆくかに、アジア・ナショナリズムの基本課題がよこたわっている。しかしながら、いまだ過渡期にあるアジア・ナショナリズムにとっては、これらの価値を同時に実現できないところに、深い悩みがひそんでいる。

アジアのほとんどすべての民族は、政治的独立を達成した。しかし、その独立は必ずしも民族の政治的統一をもたらさなかった。韓国やベトナムのごとき南北分断国家としての独立は、その顕著な例である。これらの国では統一の問題は独立の問題と深く切り結んでいる。民族の統一なしには真の民族の独立もありえないからである。ベトナム問題の本質も、この観点から考察さるべき十分な理由がある。

それほど深刻な統一問題でないにしても、多くの国々において言語、宗教、人種、少数民族問題をめぐって、国民的政治的統一の問題で苦しんでいる。インド、パキスタン、セイロン、マレーシア、ビルマがそうである。民主的自由の問題では、多くの国々において議会制民主主義の実験は失敗に帰し、インドネシア、カンボジア、台湾では、いわゆるカリスマ的独裁制、パキスタン、ビルマ、タイ国、南ベトナムでは、軍部寡頭制といういずれも集権主義的政治体制のもとにある。インド、セイロン、フィリピン、マレーシアにおいて作用している立憲民主制にも、なお末期植民地的民主制の残滓が十分に清算されず、将来に問題を残していることを知らねばならない。

過渡期の政治経済体制

このように、独立、統一、自由という三つの政治的価値の同時的実現は難しい。そこでこれらの国々が選択した方法は、これらの三つの価値を、同時的ではなく継起的に、直線的ではなく段階的に、その実現をはかるということであった。そして現段階における最も緊急な課題を政治的統一の問題に求め、そのための実践体制として、多かれ少なかれ、集権主義的政治体制へ傾斜したのである。その限りにおいて、たしかに民主的自由は犠牲にされた。しかしこれは価値序列の次元で統一か自由かという「代替選択」をしたのではなく、時間継起の次元で「延期選択」をしたにすぎないのである。統一も自由も価値としては平等であるが、統一の土壌の上でのみ自由の花が咲く、という意味での自由に対する延期選択なのである。この意味において、多くの国々に見られる集権主義的政治体制も、ナショナリズムの価値実現過程における過渡期の体制であることを理解せねばならない。

政治体制について述べたことは、経済体制についてもあてはまる。現在アジアの多くの国々の経済体制は、多かれ少なかれ、みな広義の社会主義体制（混合体制とも呼ばれる）へ傾斜している。ここで私が広義の社会主義といったのは、いわゆる共産主義の第一段階としての社会主義という意味ではない。そういう厳格な意味ではなく、それぞれの国が、それぞれの歴史的、社会的、文化的条件に適合した独自の社会主義を求めているという意味である。

インドの民主社会主義、パキスタンの回教社会主義、ビルマの仏教社会主義、カンボジアの王制社会主義、インドネシアのゴトン・ロヨン社会主義といわれるものがそれである。これらの社会主義は何よりもまず、過去の植民地経済的遺産としての二重的、複合的、外来的な社会経済構造を変革して、自主自立的な国民経済体制をつくりあげることを志向している。ここでも私的自由企業の機会はせばめられて、国有化、土地改革、協同組合化、国営貿易の手段を通じて、もっぱら国民経済的統合の実現が、その緊急課題とされている。経済的ナショナリズムをいかに有効に組織化するかというプロセスで、広義の社会主義的経済体制への傾斜が不可避となったのである。しかし、これもいまだ過渡期の段階にあるのであって、経済体制として固まったものと見ることはできない。

日本の新しいアジア政策

いずれにしても、現段階におけるアジアのナショナリズムが、政治体制としては集権主義への傾斜、経済体制としては広義の社会主義への傾斜という顕著な傾向を示しているが、それはナショナリズムの現段階的緊急課題が、民族的政治的統一と国民的経済的統合の実現にあるからであって、発展の次の段階の課題に当面するまで、過渡期にあるものと見なければならない。それゆえに、流動的な性格のものをとらえるのに、固定的な先入観を以ってしてはならぬであろう。

アジアのナショナリズム自体も、その政治体制や経済体制の選択にあたって、深刻なディレンマに悩みつつ、模索の努力を続けている。この悩みの性質に関する正しい認識と温かい同感なくして、はたして日本がアジアの一員として、正当に自己を語る資格があるであろうか。

日本の新しいアジア政策は、アジア・ナショナリズムの過渡期のダイナミックスを内面的に理解し、民族の願望を段階的発展の視点から把握しつつ、あくまで柔軟な態度で臨むのでなければ、アジア諸民族の心からなる信頼をかちとることは、しょせん不可能というほかはないであろう。

（「東洋産業経済新聞」一九六六・一・五）

Column

「如水会会報」より

一橋の三猿

――赤松・板垣・小島三教授

早瀬　勇
（昭34経）

日光東照宮の神厩《しんきゅう》に、作者不詳の三匹の猿の木彫がある。この「見ざる（猿）、聞かざる、言わざる」は、封建制が長く続いた日本で、権力に逆らわず、目立たず賢く生き延びる処世訓として言い伝えられて来た。

わが一橋大学にも、これとは趣の違う「経済政策の三猿」がいた。申年生れの赤松要（明治29年生れ）、板垣與一（同41年）、小島清（大正9年）の三名誉教授で、板垣名誉教授の命名によれば、

赤松猿は「見るざる」
板垣猿は「聞くざる」
小島猿は「言うざる」

とされている。この三猿は、「批判なくして学問の進歩なし」と説いた福田徳三博士の流れを汲み、一橋大学の隆盛期に世界経済論や国際経済論で独自の論陣を張ったことで夙《つと》に知られている。（中略）

「聞くざる」こと板垣與一名誉教授は、経済学部長在任時、あまり各教授の意見を聞き過ぎて、教授会が深夜に及ぶこともしばしばあったという。福田徳三博士の最後のゼミナリステンであり、中山伊知郎ゼミの第一期生

であった板垣猿は、三十四歳の時『政治経済学の方法』を上梓して鮮烈な学界デビューを果たしたが、板垣猿をわが国アジア研究の頂点に押し上げたのは現代の古典とも言われる『アジアの民族主義と経済発展』(昭和37年日経・経済図書文化賞受賞)であろう。

板垣猿は、戦中・戦後にかけてイスラム教、ヒンズー教、仏教などアジアの異なる宗教圏を踏破した確かなフィールドワークと、現地で民族運動を後押しした自らの体験に立脚して、いかに先進工業国で経済が発展しても、人種・宗教・民族・部族間の異質性や不平等化要因に基づく抗争は排除し難いこと、また愛国主義が常に宗教的側面を持つ多くの国において、宗教や民族主義への理解と配慮が経済発展を進める上で不可欠であることを熱っぽく説かれた。

近年の9・11テロやイラク戦争を見るとき、板垣猿の半世紀前の警鐘や、最近の多国籍企業が果たすべき通商・環境・安全保障での役割と節度についての鋭い洞察は、いよいよその輝きを増している。

(金沢星稜大学大学院教授
鹿島建設本社顧問)

Column

「学際」一〇号より

板垣與一先生の思い出
――情熱とヒューマニズムの師

谷口　誠

　ゼミを通して先生に個人的に接する機会が増えるにつけ、私は先生のきわめて人間的な温かさに魅了されていった。先生はゼミではかなり厳しく辛辣なコメントをされることがあったが、一歩授業を離れると、ゼミ生に対し指導教官というよりも、優しい兄貴といった態度で接しておられた。当時すでに日本のアジア学の先端を歩んでおられ、多忙を極めておられた先生だが、ゼミ生には親しく時間を割き、ゼミの帰りにはよく国立のエピキュールでコーヒーをご馳走してくださった。また奥様やご家族には大変だったと思うが、江古田のお宅をゼミ生に開放してくださっており、戦後まだ物資の乏しい時代には、夕食時になっても帰らぬゼミ生のために、ご家族用の味噌汁にこっそりとお湯を足し、一緒に食事をされたこともあったという。

　私を含め多くのゼミ生が夏休みには、先生の南軽井沢の別荘や、伊東の先生の仕事場である良東泉に連れて行っていただいたが、このような機会を通じ、先生の学問への情熱と温かい人間的魅力に触れることが出来たのは、若いわれわれにとって何ものにも代え難い貴重な経験であった。

私は大学院まで先生のゼミでご指導いただいたが、一九五〇年代中頃の板垣先生は、その処女作『政治経済学の方法』（一九四二年）をさらに発展させ、抽象的・哲学的理論よりもより現実的問題である、アジア経済、開発途上国問題、開発経済学、南北問題、ナショナリズム等の研究を進めておられた。

板垣先生は、福田徳三先生、中山伊知郎先生という一橋大学経済学の伝統を継承しておられ、その研究分野は、いわゆる純粋経済理論からは離れていても、外国の文献を原文を元に詳細に勉強されていく研究態度は同じであった。アジアの地域研究においても、インドネシア語、マレー語、ヒンズー語等の原語で文献を研究されていた。ご夫妻とも経済的に恵まれた家庭のご出身であった先生は、当時の学者の多くには到底出来なかった、何千部もの原書を購入され、学生にも原書を読むよう指導されていた。アジアの政治経済、アジアのナショナリズムについて語られる時の先生は、普段の穏やかな先生とは打って変わって情熱に満ち、われわれ学生を引き込まずにはおかなかった。

このように私は先生の人間性、そしてその人間性に裏付けられた途上国開発への熱き思いに惹きつけられ、途上国問題に関心を持つようになったのだが、これまでの私の人生を振り返ってみると、その節目節目で直接、間接に先生のお世話になっていることに不思議なご縁を感じる。（中略）

板垣ゼミを巣立ち、外務省という実学の世界に入った後の私の半生は、国連やＯＥＣＤ

において、これまた奇しくも先生の下で勉強してきた「南北問題」や「開発問題」、さらには「アジアとの対話」に取り組むことになった。一九六〇年代、七〇年代は、南と北の対立が激しく、国連の南北交渉は難航したが、そのような時いつも私を支えてくれたものは、「私達は、進んで彼らの立場に身を置いて考え、彼らの奥深い悩みを、出来る限り内側から理解すべく、努めねばならない」という先生の言葉であった。今から思うと先生の学問は、単なる経済理論では解き明かせない、幅広い歴史観と社会観に裏付けられ、深い人間性に根付いたものだったと思う。この「板垣イズム」に到達されるのに、先生は「アジアとナショナリズムにうなされて過ごした五〇年」であったと書いておられるが、それはわれわれの知り得ない、激しい知的葛藤の五〇年だったのであろうと思う。先生は一九六二年に『アジアの民族主義と経済発展—東南アジア近代化の起点』を出版され、日経・経済図書文化賞を受賞されたが、現在のイラク紛争の状況に照らしても、この本の価値は高く評価される。

また先生は、実践の人でもあった。日本におけるアジア学の確立や、「アジア経済研究所」の開設に力を入れられ、八〇歳を過ぎてもなお、八千代国際大学の初代学長として活躍しておられた先生の姿は、われわれゼミ生にとっても、遅れをとるなと、心の励みになった。OECD事務次長の任務を終えて帰国した私は、当時早稲田大学に新設されたアジア太平洋研究センターで、アジア研究に携わることになったが、これも自分の人生に一区切りをつけた時、ごく自然に先生のアジア学に立ち戻って行ったのではないかと思う。「東アジア経済圏」の必要性が叫ばれ、日本も先生が長年主張してこられた「アジアとの対話」を実践すべき時代に入ったと考えられる今、改めて先生の先見性を感じる。

一昨年五月、早稲田大学出版部より出版した拙著『二一世紀の南北問題―グローバル化時代の挑戦―』を、当時九二歳の高齢に達しておられた先生は、二〇〇頁以上もあるにもかかわらず、隅から隅まで読了され、きれいな筆跡で、内容については勿論のこと、巻末の英語・フランス語の文献リストのスペリング・ミスにいたるまで細かくコメントを下さったのには、さすがは板垣先生、と、頭の下がる思いがした。その時先生から「南北問題では板垣を超えた」とのお褒めの言葉をいただき、これ以上のお褒めの言葉はないと、心から嬉しく思ったが、同時に、私にとって先生は、超えることなどとても出来ない大きな存在なのだと実感した。

最後に聖路加病院に先生をお見舞いした時、先生は半身を起こし静かにまどろんでおられ、お話しすることは出来なかったが、そのお顔は素晴らしく平和で美しい表情を浮かべておられた。先生は水をお摂りになる以外、何らの延命装置も拒否され、ご家族に迷惑をかけぬよう、静かに最期を迎えられることを望まれたとのことであった。ご家族に対する、ヒューマニストとしての最後の思いが込められていたのであろうか。板垣先生は本当に古き良き時代の素晴らしい学者であり、優れた教育者であった。

（早稲田大学現代中国総合研究所所長）

第七章　教育者として

氏は、学者であると同時に教育者でもあった。一橋では多くのゼミナリステンを世に送り出し、神奈川大学、琉球大学、大東文化大学、亜細亜大学、拓殖大学など、多くの大学で教鞭を執った。八千代国際大学の学長に就任したのは八十歳の時であった。アジア諸国からの留学生の集まりである「アジア友の会」を創立、顧問を務めたり、一九六二年にはＩＡＳＥＣ・ＪＡＰＡＮを創立した。氏のゼミの教え子たちの集まりは「一垣会《いちえん》」として、死去するまで続いた。

ゼミナールとは何か

一如の精神

一橋大時代、中山伊知郎先生のゼミの会が「一路会」、そして私のゼミの会が「一垣会」、私の亜細亜大時代、学部および大学院ゼミの会が「一如会」という。私の五十年余りの学問修業の歴史は、「一路会」「一垣会」「一如会」という三つのゼミナールのエポックを持ち、しかも常に「一」つの原理で貫かれた不可分のつながりで結ばれている。しかもその結合の形態は、「真実一路」の Logos（知）と「融和一垣」の Pathos（情）が、「信行一如」の Ethos（意）の高みにおいて総合され昇華したというべきではないか。

さて、私にとって、また諸君にとって、ゼミナールとはいったい何なのか。それは何よりも第一義的には学問を身につける研鑽錬磨の道場である。真理探究の厳しい世界である。この世界では事物の真理を根本的にかつ徹底的に問いつめる。そこでは微塵の曖昧さも妥協も許さぬ真剣勝負の世界である。それは苦しい世界である。しかし混沌と暗闇のトンネルの中で、手探りで苦しみ悩み、時に挫折感に喘ぎながらも、怯《ひる》まず弛《たゆ》まず前進するうちに、やがて一陣の爽風が流れ込み、一筋のほのかな光が射し込む出口に辿りつく。瞬間、発見の歓喜に身をふるわす楽しい世界でもある。

他方、ゼミナールは単なる孤独の世界ではない。苦しみを共にし、悩みを共にし、時に喜びを共にする同学同志の切瑳琢磨の道場である。この切瑳琢磨の求道者精神で結ばれた連帯と友情こそ、何ものにも代え難いものである。この意味でゼミナールは、厳しい学問探究を通じての思いやりといたわりの人間形成の道場でもある。そこに生涯を通ずるゆるぎなき親愛と信頼の人間関係が生まれるであろう。

「学問と友情」、「厳しさと優しさ」この二つの徳性が、ゼミナールにおける鍛錬という実践の世界において、「一如」として顕現する。その時にこそ初めて人間としての生きがいの深い意味を感得するに違いない。「一如の精神」とはまさにここにある。

(「一如会ニューズレター」創刊号　一九八七・三)

板垣ゼミ草創期 （久保孝一郎記）

私は板垣ゼミ（一垣会）第一回生（昭和十五年四月～十七年九月卒）として草創期を知り、また昭和三十年代に私の奉職した神奈川大学においても、すでに先生は出講、ゼミを開かれておりました。そこへ参加を許されて教えを受けたという、一般ゼミ生の倍以上も学恩を蒙り、かつ公私ともどもご厄介になった経緯があるので、浅学非才ながらあえて筆をとった次第です。

先生は明治四十一年富山県の産、地元の高岡商業首席卒業後、無試験入学の小樽高商・特待生を経て、昭和四年東京商大本科入学。当初は福田徳三門下に採用されたのですが、翌五年ご逝去のため、兄弟子に当る中山伊知郎ゼミ第一回生に転入されました。高商時代に英、独、仏、露の語学に習熟、学友との切瑳琢磨により、とくに独逸《ドイツ》の哲学と文芸に関心を持ち、カント・左右田の批判哲学に震撼され、その学問的興味の方向づけが定まったようです。すなわち、独逸の歴史学派経済学と西南学派哲学に親しみ、リストよりゴットルに至る経済学の流れ、さらにディルタイ、ウェーバー、フッサール、ハイデッガーなどの哲学を勘案しつつ、理論・歴史・政策の統一的認識の可能性、すなわち、政治経済学の方法を模索されました。その研究論文は小樽高商「商学討究」、本学研究年報「経済学研究」、および私たちが予科二年の時に創刊された「一橋論叢」に逐次発表され、その発するところの真理に肉薄せんとする緊張感は、強烈な学問的刺激となって、私たち学徒に対し板垣ゼミ志望熱を煽り立ててくれたのです。因みに創刊時代の「一橋論叢」は増田四郎氏と先生の共同編集であったことを後に知りました。

このようなタイミングで、昭和十五年には先生は助教授に就任。最初にゼミが開かれた時に、私たち第一回生は入門を志望し許された次第です。四月プロゼミ開始の初日に、先生は洋書輸入途絶を見込まれて、学生人数分のテキスト冊数を購入備えつけて貸与されました。そのご好意とご配慮の深さにはまったく頭の下がる思いでした。そのテキストとは米国モダンライブラリー版のスミスの『国富論』でした。戦後輸入が再開されてまもなく丸善洋書売場で、その同じ図柄――労働価値説を象徴すると思われる、数人の逞しい漁夫の集団が魚を収獲しているデザイン――のブックカバーを眼にした時、私は懐かしさと共に、師の恩の深さをしみじみと感じました。

さて、この板垣ゼミ元年は太平洋戦争開始前の大変な激動期でした。私は先生が紹介されたハイデッガー実存哲学のいわゆる「(根源的)不安」の時代に、いかにウムジヒト的ゾルゲ(配慮)をすべきか、切実な思いで哲学を勉強した記憶があります。そして先生ご自身もこの年に担当開講された「植民政策」の研究の必要上、十月より南方に出張、翌十六年五月、まさに大戦勃発半年前に帰国されました。

戦前、戦中のゼミ生は以上のような時代環境のもと、生きる証としての根源的なにものか(エトワス)を求めようとする哲学志向の者が多く、予科時代から哲研で勉強していた第二回生の小川弘君のごときはついに教育大の哲学の教授になってしまったほどです。

昭和十七年、前記の諸論文は集大成され、先生の処女作『政治経済学の方法』と題する著書が出版されました。先生はその後、再度南方調査に出張、十八年秋、学期集中講義のための三カ月間の一時帰国をのぞき、終戦を彼の地で迎えられたため第二・第三回生の先生に接し得る期間は短かったのですが、この著書により板垣政治経済学のガイスト（精神）に触れ得たと私は確信します。

第二次大戦の終了により、欧、米、日の旧植民地は解放、独立、第三世界の台頭と相まって、「植民政策」学の存立基盤は失われ、代って「国際関係論」という新しいジャンルが出現し、後進国の開発と近代化が世界平和のために全世界的課題となりました。先生のご研究も前記の哲学的素養を背景にナショナリズムを主たる対象に拍車がかかり、ゼミ生の研究領域もその方向をめざしました。

私が昭和三十年代に神大・板垣ゼミに参加した時のテキストはヌルクセの「低開発国における資本形成の諸問題」をはじめ、ミュルダール、ロストウなどの諸著書でした。

私たちのゼミは第二十九回（昭和四十七年卒）まで三十二年の長い歴史があり、先生は終始ゼミ生を温かく遇してくださいました。

（『一橋のゼミナール』一橋大学学園史資料　一九八三・三）

「雪が溶けたら春になる」

――第一回入学式学長式辞

皆様の深い御理解と温かい御協力によって、ここに八千代国際大学が新しくスタートすることになりました。

地元の千葉県及び八千代市をはじめとして、各界各方面の御来賓の皆々様から、この間に賜わりました御支持・御援助に対し、何よりもまず、心から厚く御礼を申し上げます。

さて、新入生諸君、入学おめでとう。

諸君の喜びはもとより、諸君の健やかな成長を心待ちにしておられる御家族の喜びも嘸《さぞ》かしと察せられます。われわれ教職員一同、全学をあげて、諸君の入学を歓迎し、諸君の前途に祝福のエールを送るものであります。

八千代国際大学は、今スタートしたばかりのまったく新しい大学です。長い伝統を持った大学と比べれば、過去から積み上げられた知的・人的資産や暖簾《のれん》による恩恵も庇護もありません。しかしその代りに旧い伝統にまつわる因襲とか負い目や拘束から完全に自由です。何物にもとらわれず、新しい伝統と新しい学風の創造を目指して、新鮮溌剌たる自主独立への道を歩む特権を持っています。秀明教育理念にもとづく「自主創造・対話共存」の建学の精神を体し、チャレンジング・スピリットに燃えた若々しい、新しい大学であることに、高い誇りを持って前進しましょう。

明日から大学生活の第一歩を踏み出す諸君に、私たちは大きな期待をかけています。二十一世紀の日本の担い手は、ほかならぬ諸君の世代だからです。

これから大学で学ぶ四年間という年月は、諸君の長い一生にとっては、まことにとるに足らぬ短い期間にすぎませんが、しかし、それは諸君の人間形成の上で、エポック・メーキングともいうべき大事な節目になることは間違いありません。この大切な時期を、「無為・無関心・無関係」といったいわゆる「三無《さんむ》主義」で、どうしてやり過すことができましょうか。

いったい大学で学ぶ意義は何でしょうか。教えられた知識を受け身で単に学ぶのではなく、教えられた知識、学んだ事柄をきっかけとして、そこで諸君が積極的に、何か自分にとって興味の湧く問題、あるいは関心を惹く問題を発見し、それについて自ら問い自ら答えつつ、その解決の糸口を探し求めて、休むことなく「問いを発する」という、自主自発的な姿勢への転換が、そもそも大学で学ぶことの原点となるのです。

ゼミナールにおける先生との対話、友だち同士の対話を通じて、互いに切瑳琢磨し、一方、生きた学問を身につけると同時に、終生渝《かわ》らぬ友情の紐帯《きずな》を築き上げる大切な場が、本学独自の特色である全学年、四年間にわたるゼミナールなのです。

大学は学問するところだというと、何かむずかしいことのように響きますが、「学問」という言葉は、文字通り「学びかつ問う」ということであって、この「問う」という探求の精神のもとで初めて、単なる「知識」(Knowledge)ではなく、現実の問題解決へ導く総合的な判断力、実践的な「知恵」(Wisdom)が磨かれるのです。

「学問なき生活は盲目であり、生活なき学問は空虚である」という意味で、学問と生活は本来一体のものであるといわなければなりません。

ギリシアのアテネにあるデルフォイ神殿の門に、「汝自身を知れ」という有名な文字が刻まれています。もろもろの問いの中で一番大きな根本的な問いは、まず自分自身に向けて発せられる問いです。これを問えば問うほど、いかに自分が無知であるかが思い知らされるのです。

一つの問いを諸君に投げかけてみます。

「雪が溶けたら何になりますか」

詰めこまれた知識でコチコチの人は、

「雪が溶けたら水になる」

と答えるでしょう。この答えはもちろん間違ってはいませんが、ただそれだけのことです。わが八千代国際大学に入学した諸君なら、

「雪が溶けたら春になる」

と、パッと明るい答えをするでしょう。

この答えこそ物事を全体として素直に眺める実践的知恵から出てくるひらめきであり、発想なのであって、ここから新しい創造が生まれてくるのです。


諸君の持って生まれた資質に秘められ、まだ眠っている才能の無限の可能性と潜在的エネルギーを、どうしたらうまく引き出して、これを鍛えてゆくことができるか。私たち教師に課せられた責任の重さで、身が引き緊まる思いです。

私たちは全力をあげてしっかりやりますので、諸君もこれから本当に「やる気」になって、真

剣に頑張ってください。大いに期待しています。

これをもって私の式辞といたします。

昭和六十三年四月十四日

（八千代国際大学開学式・第一回入学式学長式辞）

対話による異文化理解へ
――アイセック・ジャパン四十周年に寄せて

アイセック・ジャパン・一橋大学委員会が、ここに四十周年記念式典を迎えるにあたり、創立時にかかわった者の一人として、まずおめでとうと心から祝意を表します。

この機会に、何か一言を、ということで壇上に立ったわけですが、何よりもまず、これまでの四十年の貴重な経験をふまえて、アイセッカーは今後、如何なる抱負と心構えを持って前進すべきか。それについて日頃の私の考えの一端を申し上げたいと思います。

いうまでもなく、アイセックは大学で経済学、商学を学ぶ若い青年男女の海外研修による人物交流がその実体ですが、その理想とするところは、実務の研修と共に、国際理解を深め、国際理解を深めることによって、世界平和の実現に貢献し得る人物を養成することにあると思います。国際理解による世界平和への道、これです。

ところで、この国際理解というキーワードは、金子正人初代会長さんがかねてから強調されているように、「異文化理解」にほかなりません。したがって、アイセックによる人物交流は、それぞれ異なった文化を身につけた人々の間の交流ですから、異文化を理解することが、最も大切だということになります。

「文化とは何か」というむずかしい議論には、ここでは深入りしませんが、一般に文化とは、その国または地域の人々の「生活様式」の全体を指しています。しかも生活様式それ自体は、言語、文化(狭義の)、教育、宗教、慣習、歴史、風土等、いろいろな要因が不可分の一体として結びついているので、異文化理解といっても口でいうほど容易なことではありません。それでは、どうしたら異文化を理解することが可能となるのか、それを可能にする方法は何か? この問いに対する答えは唯一つ、すなわち、異文化理解の方法は、「対話」によってのみ可能となるのであって、対話以外の方法、通路はないのです。

「対話」は文字通りAとBの二人が、向き合って互いに顔を見ながら話し合うということです。対話の形は「イメージの相互交換」(ケネス・ボールディング)です。対話でのやりとりのうちに、お互いが相手に対してもっているイメージにまつわる根拠のない先入観や偏見が、話し合いの中で次第に除去されてきて、お互いの本来あるべき真のイメージが浮び上がってきます。そこで初めて、お互いがそれぞれ身につけている文化の相違点と共通点を、誤解することなく正しく認識し理解することが可能となるのです。その意味で、お互いの気持がわだかまりなく自然に通じ合うようになり、虚心坦懐《たんかい》な話し合いの中で、異文化理解が可能となるのです。

対話は「対決」ではなく話し合いの中での歩み寄りの精神です。このような忍耐強い対話の努力を積み重ねることによって初めて、異文化理解を内実とする国際理解が進み、またそれに基づく国際協力も円滑に進展し、世界平和への道が拓けてくるわけです。

以上述べた意味で、二十一世紀に向けてのアイセッカーの使命として、これまで以上に、国際理解、国際協力の担い手たるべき抱負と心構えを持って、勇往邁進されんことを切に希望しかつ期待して、私の一言といたします。

（二〇〇二・十・二十五）

これはお笑い種に

AIESEC　とは？

2002.10.25

A　Abiding（Friendship）永続する（友情）

I　Initiative　率先

E　Earnest　真剣

S　Successful　成功

E　Excellent　優秀

C　Creative　創造

“率先垂範、真剣本気、成功目標、優秀にして創意に富むアイセッカー同志の永続する友情”

アイセック・ジャパン!!

一橋ＬＣ、一橋大学委員会（板垣）

奥様を大切に——一橋一期会卒業五十周年記念大会に寄せて

一橋一期会卒業五十周年記念大会にご招待いただき、何か一言ということで壇上に立ちましたが、既に古稀を過ぎた諸君は、現役を立派に果たしたあとの第二の人生の生き方について、それぞれ自分なりによく考え、「これが自分らしい生き方だ」と自ら納得して決めた「わが道」を胸を張って歩いておられると思いますので、この際、私から改めてかれこれ申し上げる言葉はありません。

それでもなお強いて何か一言ということであれば、三年前に諸君が出版したエポック・メーキングともいうべき、あの豪華な「古稀記念文集」に私が寄せたささやかな一文の最後の言葉、「長い歳月、諸君の人生航路の灯台守をしてくれたベスト・パートナー、奥様を大切に」

この言葉を、もう一度深く噛みしめて、奥様孝行に精いっぱい努めてください。国内の名だたる温泉めぐりも良し、思い切って海外への旧婚旅行はさらに結構。ともあれ、元気な今のうちに、あとで悔いを残さぬよう、できうる限り早目に実行してください。これがまもなく九十五歳を迎える私の切なる一言です。

（如水会館にて　二〇〇三・四・十八）

「如水会会報」に見る最晩年の一垣会

一垣会（板垣ゼミ）

日　時　一九九八年十月十五日（木）六時

場　所　如水会館　スターホール

出席者　客員、会員　計二百十名

板垣先生の卒寿祝賀の総会に、現存四百名の半数がハワイ、そして全国から集合した。まず難波、松野両氏の司会で、奥様のご冥福を祈って黙祷。簗木氏の祝辞。増淵代表幹事の打上げ総会経緯報告。相沢氏の卒寿御祝目録贈呈。先生はお元気な立ち姿で三百六十通の出欠返信に記された諸君の近況報告を懐かしく読んだ後、以下のように挨拶。

私は「一垣会誌」特集号で、「隠居宣言」をうたい上げたが、あの宣言にこめた私の意味合いは、これまでの「日常性」の世界から脱して、「非日常性」の世界というか、「実存的人間」としての生き方に徹し、「人間の生とは、死とは何か」、「死生一如とは何か」を問い詰める主体的な「精神の自由」の境地に沈潜したいというのが、真意でした。

諸君へのはなむけの言葉。

（1）人と人との出会いを大切に。

人生の喜びも悲しみも、人と人との出会いと交わりの中にある。人との出会いの受けとめ方如何が、その人の全生涯を左右する。

（2）本との出会いを大切に。

偶然に手にした一冊の本との出会いが、その人の人生観に大きな影響を及ぼす。本を「読み込む」積極的な姿勢が、一番大事である。

（3）自分との出会いが、窮極的な大問題。

いったい自分とは何なのか、このことを絶えず念頭に置きながら、さしあたって大事なことは、「今日、この一日を大切に」力いっぱい生きること。ゲーテの有名な「日の義務を尽せ」にも、この思いが汲みとれる。諸君！「今が大切、努めて熄《や》むな」。

一回生森本氏他三名の乾杯祝宴。哲史さん、瑛子さんが先生の近況を披露し大拍手。「先生、得意のインドネシアの歌を！」に応えて、先生マイクで「ブンガワン・ソロ」他二曲を全館に響く豊かな声で歌われる。佐野氏のリードで一垣会歌の大合唱。仁科氏の閉会の辞で、盛会裡に散会となる。

（増淵記）

（「如水会会報」No.８２４　一九九八年十二月号）

一垣会有志の会（板垣ゼミ）

日　時　二〇〇〇年五月二十二日（月）正午

場　所　如水会館　記念室西

出席者　板垣先生　有志十七名

九八年十月十五日の卒寿祝賀で総会を打上げとした以降の会合は「会員食で二十名位集まる会で、私の出席を希望する時は、参加してもよい」との先生のご意向に沿って、今回集合した。結局、年輩組が中心となり若手ゼミ幹が参加した。

席順の近況報告のなかで、伊語を夫婦で勉強している庄司（文）氏のボケ防止の話、四日間フィレンツェにだけ旅して、政庁舎でマキャヴェリの胸像に対面してきた南氏の報告が話題をよんだ。簗木氏が卒業五十周年記念文集「わが師わが友・一橋」に収められた高橋長太郎先生の筆になる板垣先生に対する寸評、「春風駘蕩、つねに微笑し、つねに歓語す。……学に志すこと深く、友誼《ゆうぎ》に篤し。惜しむべし、後頭の毛髪ようやく疎なるを」と披露し、先生破顔のうちに一同拍手。

先生は久し振りに楽しい会に参加させてもらって嬉しい、と切り出された。

一、健康については、今のところこれという病気もなく、齢相応のまァまァの元気なので心配ない。

二、五十三年卒業生が出版した「古稀記念文集」に「卒寿の華やぎ」と題する一文を寄せた。人生の四季からいえば、卒寿が冬とすれば古稀は人生の秋のはじまり。秋といえばまさに読書の秋というべく、「明窓浄机」、これまで多忙で読めなかった本、特に風雪に堪えた古典をバリバリ読んで、本との出会いのなかで、魂の浄化、生きる喜びを噛みしめよ、をはなむけの言葉とした。と相変らず元気なところを見せられた。

山本19　中沢24　庄司(文)、望月、簗木25　豊田26　斉藤27　南、増淵28　谷口、難波

29 木下30 中村(哲)31 庄司(忠)33 松野35 中村(信)37 相沢41

(増淵記)

一垣会有志の会(板垣ゼミ)

日　時　二〇〇一年五月三十日十一時二十分
場　所　如水会館　記念室東
出席者　板垣先生　有志三十三名

「如水会会報」新春号に、大学主催、如水会主催の百二十五周年祝賀会で、先生がそれぞれに相応しい音吐朗々たる口上で、乾杯の音頭をとられたとの記事を読んで、われわれゼミ生は大いに感激した。(口上の直筆メモは別途配付)

三月五日の日経記事の「経済学の泉　一橋にあり」で、記念ビデオでシュムペーターの思い出を語る先生の矍鑠《かくしゃく》たる姿に「戦前の知性」を見る、との結びの言葉にゼミ生として誇らしさを感じた。

十回生の仲間から「この際、長寿の先生から健康をわけていただこう」という話がきっかけで、ゼミ総会打上げ後、二回目の有志の会となった。一同席につき、ビデオの放映が始まるやいなや、九十二歳という高齢とは思えない元気な姿で、杯を挙げ声高らかに乾杯の音頭をとる先生に思わず拍手。数分後、シュムペーターの思い出を懐かしそうに語る先生にまた拍手。ビデオが終ったあと、全員が近況報告とともに自分と先生との出会いの接点を回想しながら三分間のスピーチ。微笑を浮べて聴き入る先生の姿が印象的だった。

最後に、先生が「人生は出会いの連続、人との出会い、本との出会い、自分との出会いという三つの出会いの瞬間をきちっと受けとめ、今日、この一日を大切に生きつつ、死ぬまで生きることだ」と力をこめて話された。時間の関係から「人生の生き方——運命との闘い」について、お話ができなかったようなので、「如水会会報」六月号の橋畔随想をお読みください。

中沢6　庄司、望月、簗木7　豊田、高林、中川8　斎藤9　相川、新井、内田、川西、北村、小林、佐野、寺岡、藤巻、増淵、南10　谷口、難波11　木下12　吉田13　庄司15　加々美、駒井、真栄田16　佐藤、寺本、野田、松野、納谷17　間苧谷19

（増淵記）

31年一垣会（板垣ゼミ）

日　時　二〇〇二年三月十九日
場　所　如水会館　武蔵野の間
出席者　板垣先生、桶舎客員、入江、岩崎、大木、岡田、小澤、春日井、寺内、中村、湯浅、横瀬、横光、吉田

昨秋のゴルフの後の先生への寄せ書きがきっかけとなって、卒寿記念総会以来の集いとなった。秋に九十四歳を迎えられる先生は、練馬区社会福祉事業の在宅サービスを受けられながら、毎日五時間の読書を欠かさず、三年前からは年数回お嬢様の学友を対象とした「生涯青春塾」を主催され、矍鑠たる日々を送っておられる。一同の近況報告に先立って「特別講義」を申し出られた先生は、用意されたメモを手に五十分に亘り、福田徳三先生との出会いを柱に置かれながら、一橋の知的情熱を支える伝統のゼミの精神を語られた。締めに青春塾の歌とゼミ乾杯の歌を朗々と主導される先生の若さと情熱、凛然とした生き方に、古稀の門下生等しく感動を新たにした一刻であった。

（小澤記）

34 年一垣会

初夏を思わせる四月二十一日の昼下がり、懐かしい江古田の板垣先生のお宅に在京の昭和三十四年一垣会の六名が集う。第一の人生を終え、第二、第三の人生を歩み始めるとき、ふと思い出すのが先生の誘い込まれるようなあの笑顔。思い思いの近況報告のあとは一時間半にわたる先生の御講義。「対話の世界」をテーマに特に異文化間での対話における「内在的超越」の重要性を強調される。自己に内在しながら、一段と高い地平で自己を超えるとの意。いささか難解なところもあったが、先生の情熱は十分伝わる。お二人の御令嬢手作りの御馳走に舌鼓をうつ。一垣会歌、「酒の中から楽しさが湧いてくる」。先生の歌声が朗々と響く。とても九十四歳とは思えない。いつしか夜の帷《とばり》もおり「足元の明るいうちに」という先生のお言葉に促されて先生御実家からの名酒、吟醸酒「欅」を飲み干してお開きに。

(「如水会会報」二〇〇二年五月号)

当日の参加者は、石原、内村、加々美、駒井、真栄田、早瀬の六氏。

（加々美記）

（「如水会会報」二〇〇二年六月号）

Column

「一垣会誌」卒寿記念号より

「一垣会」誕生の記

簗木　清
（昭和二十五年卒）

「一垣会《いちえんかい》！」その声を耳にする度に、私は我が子の名を呼ばれたような面映ゆさと、限りない懐かしさを覚えずには居られない。何故なら、私こそその名付け親だからである。

　学内の掲示板や黒板に貼られた他のゼミナールの会名を見る毎に、自分達にも是非板垣先生を中心とする我等がゼミの有機的結合体を、一言を以て髣髴とさせるような名称が欲しいと絶えず考えていた。それは私一人だけでなく、学友の間でも時折話題になったがついに実現しなかった。

　しかし、私はそのままにして学窓を去るにしのびず考え続けていた。卒業間近い或る朝、如水寮の一室、煤けた天井のクモの巣を眺め乍ら寝床の中で、先生の姓名から一字宛「垣」と「一」を取って倒立させてみると「一垣」の句が出来た。「シメタ！」私は思わず上半身を起して心の中で叫んだ。これこそ自分が今まで探し求めていた「青い鳥」だと直感したからである。「一つの垣」確かに良い。先生のお宅の生垣が目に浮んだ。それは又、先生を中心に真理探究を使命とする我等学徒の結集によって結成された一つの輪郭である。この一つの垣の中で育まれた我等は、その高い品性と優れた知性を以てそれぞれ実社会に巣立ち、有能な社会の一員として活躍してゆくのである。

それから数日後、二十五年三月卒業の我々のための送別会が、職員集会所の日本間で開催された時、先生に「垣」の音読をお尋ねすると「エン」の由、「一エン会」語呂も実に良い。私はついに決心した。卒業生の訣別の辞が次々と進んで私の番になった時、在学中の先生のご指導を衷心より深謝し、その微《ひそ》やかな贈りものとして、先生のお名前より取った「一垣会」を板垣ゼミの会名として残したい旨申し述べたところ、先生を始め満座の拍手を得たのである。

あの時の感激を私は今も忘れない。この一文を読んでおられる幾人かの方が、その時の光景を想い出しておられることだろう。そしてこの会名が末永く呼び交わされることに、私は限りない光栄と喜びを感じるのである。

斯くして「一垣会」は生れた。そして、それは先生を中心とする我等の固い結束のもと発展の一途を辿ってゆく、何処までも。

Column

「一垣会誌」卒寿記念号より

餃子と潮汁

成塚 章
（昭和二十八年卒）

空はすっきりと晴れ上がり、葉を落とした庭の木々の梢を通して柔らかい陽射しが降り注いでいるが、空気は冷たく澄み切っている。居間に続いた庭先で、先刻から大鍋をかけた七輪を前にしゃがみ込んでバタバタと団扇の音をさせていた糸賀君が「よし！　もういいぞ」と白い息を吐きながら声をかける。待ちかねたように私達は今朝からの大奮闘の賜物である山盛りの餃子を台所から運び出す。糸賀君は慎重な手つきで煮立った湯の中に餃子を落とし始めた。

二人のお嬢さん達が受け持っている書斎の方の祝宴の準備も、整って来たようである。私達の餃子作りを指導監督されていた奥様は、自慢の潮汁の仕上げにかかっている。そんな私達を教授は書斎の椅子に座ってニコニコと見守っていらっしゃった。先輩やゼミナリステン達も間もなく顔を揃えるだろう。板垣ゼミナール恒例の正月三日の新年会は、毎年こうして幕が上がった。

教授ご一家を中心に師弟の歓談は、板垣ゼミ名物の奥様の「餃子と潮汁」に舌鼓を打ちながら、遅くまで続くのが常だった。後になって奥様から「貴方達は何しに来たのでしょうね」と皮肉られるほど、私達は何かと言うと江古田の教授宅を訪れた。今、考えてみると私達は、教授と奥様が漂わせていた温かみと重みに、美しく可愛い二人のお嬢さんとやんちゃな坊やだったご長男を含めたご家族の醸し出す明るい落ちついた雰囲気に、ひたすら引きつけられていたのだと思う。と同時に奥様が作って下さる「餃子と潮汁」に。

私達は時に教授のお話に耳を傾け、庭の手入れを手伝い、奥様に代わって買い物に出掛けた。一人で何と六〇個近い餃子を平らげて、糸賀君が語りぐさになったのもこの頃の事だった。

私達の過ごした学生時代は物質的には貧しかったが、悪夢のようだった戦中・戦後の追憶を色濃く引きずりながら、新しい時代への希望と夢を溢れるばかりに抱いていたような気がする。それだけに誰もが真摯だった。

師弟の間には単なる知識の授受ではなく、全人格的な薫陶があった。優れた学生も、そうでない者も斉《ひと》しくゼミナリステンの一人として、教授から大きく包み込み、導いて頂けたあの三年間は、私にとって今は亡き奥様が作って下さった「餃子と潮汁」の温かみと共に、一生忘れられない宝物のような思い出となっている。

Column

「一垣会誌」卒寿記念号より

「大らかさ」に惹かれて

中村哲二
（昭和三十一年卒）

小平の前期も残り少なくなった頃の或る日、板垣ゼミの面接があるということで、国立の図書館内にある板垣先生の研究室を訪れた。そこには同じ目的を持った学生が多数詰めかけていた。ゼミの面接といえば当然そこで先生と一対一の口頭試問的なやりとりがあり、その結果採用学生が選別決定される――誰しもこのように予想したと思う。

ところが事の展開はまったく予想外だった。先生は出てこられるなり固くなっている皆を前に、君たち全員板垣ゼミのゼミナリステンになってもらいます、と告げられたのである。何と大らかな、懐が深いというか、包容力あるというか、これが板垣先生に対する私の第一印象であった。秀才ももちろんいいだろうが、鈍才だって凡才だってそれなりに何かいいところがある筈だ。だからいちいち詮索はしない。板垣ゼミの門をたたいてくれたのは、お互い何か縁というものがあったからだ。縁があった以上我々はこの縁を大切にしようではないか。これが板垣ゼミに脈々と流れてきた基調の精神というものではなかろうか。

卒論のテーマを決める時もそうだった。何をやってもよいということでこれまたびっくりした。普通はその先生の得意とされる領域の近くに限定し、いろいろ薫陶を得ながら進めようというのが普通だと思う。それに対して板垣先生は、テーマは何でもいい。どんな領域でも相談に乗ってやろうということで、これも大らかというか、アバウトといってよいような話である。おかげで二十数名のゼミテンがそれぞれ思い思いにテーマを選んだから、そのバラエティーはきわめて豊かであり、先生も大変だったと思うが、それに相対されるに実に屈託のない方だった。

奥様も先生に輪をかけて大らかな方だった。ゼミが始まった当時の数ヵ月、先生が琉球大学の客員教授として長期出張されたブランクがあったが、ゼミの旅行やコンパには奥様が代役として出席され親しくおつき合いしたり、お宅にお邪魔して掃除、風呂焚き、それにギョーザ作りのお手伝いなどしながら、ご家族の食事に割り込んだりした。先生のご長男の哲史君が、いつか一垣会の総会で、僕の家は何故いろんな人が来てご飯を食べていくんだろうと不思議だったということを話されたが、その光景がまさに展開されていたわけである。

一橋のゼミというのは、いろいろな大学から模範として注目されているようである。それについて質問された時は私は躊躇なく板垣ゼミのことを語る。それが一橋の代表的なゼミであるとの誇りと自信を持って語ることができるのである。こういうことを語る時は私の最も生き生きした瞬間であり、よき時代のよき大学と先生にめぐりあえた喜びと感謝に浸っている時なのである。

Column

「一垣会誌」卒寿記念号より

二枚の色紙

仁科和雄
（昭和三十二年卒）

大学時代はあまり勉強の方面では芳しい学生ではなかったのですが、先生には随分かわいがっていただきました。週に一、二度位、先生の鞄持ちでお宅に同行しては上がり込み、家族同然のような顔をして図々しく奥様の手料理をご馳走になったものです。私と年齢の近い二人のお嬢さん達や息子さんと兄弟のように仲良くお付き合いし、また、先生そして奥様の穏やかで率直なお人柄に触れて、随分甘えさせてもらった思い出があります。今考えると、さぞやご迷惑だっただろうと、冷や汗が出る思いですが、それも歳とともに懐かしく、ご家族の皆様のお人柄の素晴らしさに心から感謝しております。

私はこれまで先生から、二枚の色紙を人生の節目にいただいております。一枚は、大学卒業の時で、「春浪にもまれてまろき浜の石」と揮毫された色紙です。先生は昔、伊豆に滞在されて本を書かれていたときいていますが、その春の伊豆の海のきつくて高い浪から、この詞を作られたのだと思います。世間に出て社会人となる私に、「厳しさにひるまず、自ら進んでその厳しさにもまれて人間を磨きなさい、もっと丸くなれ」との励ましの詞でした。

そしてもう一枚は私が結婚した時、新生活のスタートにあたり「自己の中に永遠を」と揮毫された色紙をいただきました。先生の思いが溢れた誠に含蓄のある深い詞だと思います。未だにこの詞に込められた先生の真意を完璧に理解したとは思わないのですが、「夢そして自分の人生の永遠のテーマを持ち、それに向かって頑張り続けよ」という意味に受け取っています。世の中の移り変わりに呑み込まれたり、家庭や日常生活に埋没するのでなく、「いつも自分の気持ちの中に永遠のテーマを持ち、その実現に向け懸命に取り組め、いくつになっても前向きであれ」ということだと捉えています。

先生からいただいたこの二枚の色紙はずっと私の宝物であり、心の支えです。

Column

「一橋会誌」卒寿記念号より

壇上で号泣——『一橋論叢』の危機を訴える

早瀬　勇
（昭和三十四年卒）

一橋大学小平分校の大教室には薄陽が差していて、人気講座の一つである「政治学」の開講を待つ学生達でほぼ満席であった。正面左側の扉が開かれ、眼鏡をかけた温顔の板垣與一教授が、明るい茶色の大きな鞄を引きずるように教壇に上られると、学生達の騒《ざわ》めきが消えた。教授はいつものように、講義で引用される数冊の洋書や雑誌類を、ご自分の右手に積み上げられてから、良く通る張りのある高い声でお話を始められた。

しかし、直ぐに政治学の本論に入られることはなく、一冊の白表紙の雑誌を高く掲げられ、「諸君はこの『一橋論叢』を読んだことがありますか？」と問い掛けられた。『一橋論叢』は言うまでもなく、商学、経済学、法学、社会学を中心とする社会科学の質の高い学術雑誌であり、一橋の学問を世に問う伝統ある研究論集である。その『一橋論叢』が学生の購読者の減少によって財政困難に陥り、今や存亡の危機に晒されているのである。

教授は熱っぽく一橋の学問と、その発展に『一橋論叢』がこれまで果してきた大きな役割を説明されていたが、創刊以来情熱を込めて編纂にかかわって来られた学術雑誌の存亡を目前にして、思わず胸にこみ上げるものがあったのであろう、言葉を詰まらせ感極まって遂に壇上で号泣された。「諸君、『一橋論叢』を廃刊させないで欲しい！」と教授は手で前髪を掻き毟《むし》りながら訴えられた。

大教室は一旦水を打ったように静まりかえったが、次の瞬間拍手の嵐が沸き上がった。学生達は教授の熱情に感動し協力を誓ったのである。昭和三十年ごろの『一橋論叢』存亡の危機はこうして救われたのであった。

確固たる勉学の目標も無くテニスとＥＳＳに明け暮れていた私は、この時「よしっ、この先生の門を叩こう」と決意した。四十年を経た今でも想い出すと胸が熱くなる。

Column

「一垣会誌」卒寿記念号より

一垣会の基本理念を実践しつつ

間苧谷　榮
（昭和三十七年卒）

私は「学生」、「研究者」、「教師」として板垣先生の謦咳《けいがい》に接しながら、二十年近くを過ごすという幸運に恵まれた。力不足でいまだにそれを十分には生かし切っていないことを恥じている。「ショウカ大学出身だから唱歌がうまい」とおっしゃる先生より多少歌がうまいというのが唯一の取り柄だという体たらくである。

板垣先生は昭和四十八年に移られた亜細亜大学で、大学院経済学研究科の創設に力を尽くされ、翌年、初代研究科委員長に就任された。その後ただちに、経済学部の中に「国際関係学科」を創設する仕事に着手されていたが、そのスタッフの一員として私に加わるようにとお誘い下さった。私はそのとき先生に亜細亜大学のレベル・アップのために本気でがんばれと申しわたされた。

私が亜細亜大学に移った昭和五十年から、先生が退職された昭和六十一年までの十年間以上、私は「教員」としてのon the job trainingを先生から受ける好機会に恵まれた。「大学」とは何か、「教授会」はいかにあるべきか、「学部長」はどのような存在であるべきか等々について、私はじっくりと学ぶ機会を与えられた。この経験がなければ、国際関係学科が発展的解消をして出来た国際関係学部の学部長や、学校法人亜細亜学園の理事を、そのち私が務めることは到底不可能であったであろう。

先生に教わったことで「教師」として私が一番大切にしているのは、大学は「学問修業を通じての人間形成の場」であり、「学問修業を通してこれまで眠っていた自己の潜在的可能性を発見し、これを鍛えあげるところに大きな意義がある」ということである。これこそが普遍性をもった一垣会の基本理念であると私は信じているので、この精神を亜細亜大学に根付かせることが、教師としての私に課せられた使命であると思いを定め、微力ではあるがその努力を続けている。

Column

「一垣会誌」卒寿記念号より

墨痕淋漓《ぼっこんりんり》の一枚の色紙

出路英之
（昭和三十九年卒）

確か昭和四十六年の秋だったと思う。

板垣先生が広島に来られた。全国の国立大学図書館長会議が広島で開催されたときで、急きょゼミテンが料亭「酔心」に集まった。内田先輩（東洋工業）、真田先輩（東京海上）と小生の三人だった。

にこやかに話される先生のお話やら大学の状況をお聞きしながら時の経つのも忘れていたが、酔心のおかみが一枚の色紙とサインペンを持ってきて記念に一筆書いてくれと先生に頼んだ。

板垣先生は二つ返事で快諾されたが、サインペンでなく筆を持ってくるようにとのことであった。おかみは取って返してすぐ筆を持参させた。先生は筆をとられるやいなや、すらすらとつぎの言葉を書かれた。

椰子の樹いかに高くとも
　焚火の煙さらに高し
山いかに高くとも
　わが望みさらに高し

おかみはもちろん我々もこの言葉の由来は知らなかった。先生からこれはインドネシアの四行詩（パントゥン）の一節ですと説明して下さった。

あまりに美しい書体と崇高な詩で、僕たちにも是非一筆書いて下さいということで我々も色紙に書いていただいた次第だった。

板垣先生の博学と達筆はそれなりに知っていたつもりであったが、かなりお酒を召し上がっていた筈なのに、目の前ですらすらと美しく筆を運ばれるお姿に感動した。

この色紙は先生からいただいた財産として今でも大切に保存しているが、何よりも私自身の信条として、また会社勤めの中で若い人々への贈る言葉として、何十回と無断借用させていただいたことを今回披露する次第である。

板垣先生ありがとうございました。あれから広島に出かける機会がなかったが、今度訪れるときは必ず酔心を訪ね、先生の色紙を確認したいと心に決めている。

Column

「一垣会誌」卒寿記念号より

コモ湖畔ベラージオ

――ラテン的なるものに惚れ込んで

相澤紘史
（昭和四十一年卒）

我々新入りゼミテンがそろそろゼミとはこういうところかと、何となく分かり始めたころ先生が、コモ湖畔ベラージオでのナショナリズムの会議から帰国されました。ところが帰国後すぐに、日大病院での診断の結果十二指腸潰瘍ということで、手術を受けられるとの連絡です。然し、手術を受けられる前に、まず至急に体力を回復しなければならないため、ゼミテンの中から献血ボランティアを募ることとなりました。

幸い先生と同じA型は私を含めて同期で四～五人いたと記憶しており、全員そろって病院に馳せ参じ献血を行いました。エイズが蔓延している今日からは考えられないことですが、その時は先生が寝ておられるベッドの横で我々の採血が行われ、これをそのまま直ちに輸血という随分と乱暴なやり方でした。然し医者にいわせるとこれが一番とか。

さて無事に手術も終わり順調に回復されてきたある日、病院で退屈しているのでベラージオ会議のスライドショウをするからとのお誘いをいただき、又々何人かで連れ立ってお見舞に伺いました。

余程その時の印象は強かったようで、その後三十年程も経った数年前、ミラノの銀行家である友人を訪ねた折に、コモ湖まで足を伸ばすこととしました。残念ながら当日は雨の中で、湖を渡る船の中にいても濡れてしまうほどだったものの、三十年ぶりの夢の実現に、イササカ興奮している自分に気がつきました。

曾《かつ》てはドイツ的な規律の信奉者であった私も、今や歴史、文化から食に至るまで、イタリア的なるものの信者になってしまっています。これはイタリアを何度も訪問して、その歴史に裏打ちされた文化の深さが分かってきたからだと思いますが、同時に規律も大事ながらラテン的ないい加減さにも、捨てがたい人間味を感じるようになったからとも言えましょう。

このラテン的なるものに惚れ込んでしまった日本人たちも結構多く、先生の奥様の甥御さんで魚谷さんという方もその一人です。生前奥様から「私の甥がリオに移り住んでいるのだけれどあなた知らない？」と聞かれ、そのご当人が当時リオの日本商工会議所事務局長をされていたことから、世間は狭いものと驚いたものです。その偶然は今も続き魚谷さんには会議所リタイア後、ＮＴＴリオ事務所の経理担当顧問をお願いし、今もお元気に働いていただいております。

第八章　身辺雑話

多くの論文を発表した氏であったが、自分の身の回りのことはあまり書いていていない。照れがあったのかもしれない。もちろんお付き合いのあった方はとうにご存知のことばかりであろうが、その生活ぶりの一端をのぞいてもらうために、『アジアとの対話　第五集』に掲載した「身辺雑話」を再録した。

本と本屋さんのこと

本を買い損なった話

目星をつけていた本を買い損なった瞬間ほどがっかりしたことはなく、その経験はいつまでも忘れられない。俗に「釣り落した魚は大きい」というが、実際そういった感じだ。

戦後まもない頃だった。その頃私は執筆中の論文の関係もあって、西欧ナショナリズムや国際法や世界政府論に関する文献渉猟につとめた。郵便で送られた神田のある本屋のカタログの中に、「アンリー四世の大計画」で有名な時の宰相シュリーの『メモワル』四巻（一六三三〜六二年）ものののタイトルを見つけた。さっそく買いたいと思ったが、なにしろ値段が張っているのと竹の子生活の時代で手許不如意だった。とにかくどんな本か一度見てからにしようと急いで神田へ出掛けた。店に着いてその本を手に取りやっぱりこれは手許に買っておこうと考えて、

「これをください」と言った時、主人公がいわく、「それは一時間ほど前に早稲田の久保田明光先生からの電話で、自分が買うことになるか、図書館に入れることになるか、あとで知らせるがとっておいてほしい、と言われたので差し上げられない」と。この時ほどがっかりしたことはなかった。一時間前といえば自分が目録を見た時間と同じ頃だ。それからは私もほしい本を見つけた時は、金があってもなくても、とりあえず電話をかけることにした。

もう一つ同じような別の経験を思い出す。やはり戦後の竹の子生活時代のこと、神田の古書会館でマキャヴェリの『君主論』のバード版やリジオ版、グロチウスの『戦争と平和の法』のグロノヴィウス版など入手して満足感を味わったが、目にとめたプーフェンドルフの『自然法と国際法』もついでにほしくなった。しかしお金はすっかり使いはたした。その頃大学には月給分だけ前貸しする制度があった。私のその頃の月給は三千円だったので、その前貸しを受ければちょうどプーフェンドルフが買える。私はその場から直ぐ国立へゆき三千円を借りて古書会館へひき返した。しかし二時間後プーフェンドルフの本はそこにはなかった。誰が買ったのか調べてもらうと買主は中央大学図書館だという。この時の失望も大きかった。戦前はお金に自信があったので大胆に振る舞ったが、戦後はまずお金を用意しないとコミットできないほど小心翼々の心境だった。

スヌーク・ヒュルフロニエの本

さて今度は私が先に手に入れた本を、直ぐあとから追いかけて譲ってほしいと申し入れられた話。

昭和十八年の秋のある日の出来事。私はその当時、秋学期の商大講義のため三カ月の予定で一時シンガポールから赤松先生と一緒に帰国していた。その日、神田の古書会館の前には九時開場というのに定刻前から大勢の人が群がっていた。開場と同時にそれこそなだれを打ったように人々が先を争い、二階の階段を駆け上がるほど熱気に溢れていた。私が階段をのぼりつめて左手を眺めると、手すりの角に机を据えて回教圏研究所の野原四郎君が数人の所員を動員したのか、一人一人を通路に配置し、展示古書目録に予めチェックした本をいちはやく入手しようと采配を振っていた。私はこの雰囲気に度肝を抜かれたが、同時に回教圏研究所の蒐書努力の熱意に敬意を表した。

私が目録を見て手に入れようと思った本は一冊だった。二番目の通路を人込みに押されながら先へ進んで、ひょっと右手の棚に偶然にもめざとくその本を発見した。この本は私が戦前（昭和十五年の暮れ）バタビア（今のジャカルタ）のオビュスという古本屋で一度見た本で、その時買わなかったことをあとで惜しいことをしたと悔やんだ本なので、本の大きさや体裁は初めから知っていた。偶然とはいえ発見するのにあまり時間を要しなかった理由もここにあった。それを会場にきていた原さんに託して、あとから届けてもらうことにし、さっと引き揚げた。私は別の会合に出席するため急いでいた。

帰宅したのは五時半頃か、本はすでに原さんが届けてくださっていた。それから三十分ほどすぎた頃、玄関に来客があるという。

「私は回教圏研究所の村野孝という者ですが、大久保孝次所長が先生にお願いしてみよといわれるのでおうかがいしました。展示会で先生が手に入れられたスヌーク・ヒュルフロニエの英訳本の『アチェ人』を研究所へ譲っていただけませんか」

「回教圏研究所にはオランダ語の原本がありますか」

と私はたずねた。

「いや、原本も英訳本もないのです」

「そうですか。回教圏研究所にスヌーク・ヒュルフロニエの原本も英訳本もないのでは、研究所としてもお困りでしょう。私はジャワで英訳本を手に入れる機会はあったのですが、英訳本にたよってオランダ語の原本をおろそかにするのを恐れて、わざと買わなかったのです。しかしあとで訳者のイントロダクションが研究的価値に富んだものだということがわかったので、今度手に入れたのです。私の手許には原本がありますので、英訳本を喜んで研究所へ寄贈いたしましょう。この本です、どうぞお持ち帰りください」

その翌日のことだった。驚いたことに、「回教圏」という研究所の機関誌の創刊号からバックナンバーを全部そろえた数十冊を、リュックサックいっぱいにつめて、所長からのお礼のしるしにと、再び村野さんが訪ねてこられた。私にとっては忘れ難い思い出である。

古本屋オビュスの仁義

バタビアのオビュスのことにふれたので、ここの本屋と主人公について語らねばならない。「私の中の東南アジア」に書いたように、私は昭和十五年の四月に植民政策の初講義をしたが、十回ほどで種切れとなり、その年の十一月初めにインドネシアの旅にのぼった。南洋海運のクライド丸でスラバヤに着き、数日滞在後にバタビア経由飛行機で一気にメダンに飛んだ。スマトラの北部と南部を旅行したあと、バタビアに帰着するやいなや真っ先に訪ねたのはオランダ人経営の古本屋オビュスであった。ジャワで本格的に本を集めようと出発前にリストを作成しておいた。リスト作成上拠りどころになった本は、ファーニヴァルの『蘭領東印度』であり、そこに引用されているオランダ語文献名を全部タイプした。

はじめに店内の書棚を眺めて二十冊ばかりの本を抜きとったあとで、オビュスの主人公に私のリストを見せながら、「この本はないのか」と尋ねると、ざあっと一通りリストを眺めた主人公は、ちょっと緊張した表情を顔に浮べ、「どうぞ奥へいらっしゃい」と私を案内した。鳥籠などを吊した狭い暗いところを通って奥へ入ると、驚くまいことか、天窓で明かりをとった別棟の高い大きな建物（二百坪もあろうか）の天井までとどく四方の書架に本がいっぱいつまっていた。何冊くらいここにあるのかと聞くと、約五万冊はあるだろうという。書架には二段に組んだ高い梯子が何台もたてかけられていた。主人公はその梯子を駆けのぼり、あっというまに十数冊を抜きとり下におろすという調子だった。そしていわく、リストにあるこの本は現在私の手許にはないが、あなたが旅費を出してくださるなら、バンドン、ジョークジャ、スラバヤの本屋から集めてくるがどうかと言う。よろしい、旅費を負担するから至急集めてきてほしい。私はリストにしるしをつけた本は全部買いたいのだ。こうしてオビュスへは前後十回も通った。とりわけ面倒だったのは、オランダ本国で出版されていた植民学、民族学、法律学関係の学術雑誌のバックナンバーを揃えることだった。『ベドラーヘン』や『インディス・ヒッツ』もふくめて五種類の雑誌を買い求めた。

ジャワを去る時雑誌のミッシング・ナンバーのリストを主人公に渡し、そのうち再度私がバタビアに来る機会がある時までに、集めておいてほしいと頼んだ。こうして私が買い求めたオランダ語文献は千百冊になった。私がインドネシアに渡る時に八千円持参したお金は、三カ月の旅行と本の購入ですっかり使いはたした。それからタイ国、ベトナム、海南島、台湾などの三カ月旅行から帰国するまでの費用は全部行く先々で借金した。その後、私のあとに続いてジャワで文献蒐集旅行をされた中村孝志さん（天理大学民俗学教授）と東京で私が会った時、「あなたの歩かれたあとにはペンペン草も生えていませんよ」とオーバーに挨拶された。「いや、それほどのことも……」と苦笑にまぎらわせた思い出がある。

古本屋気質というものはおもしろいもので、私が占領下のインドネシアを昭和十八年三月から四月にかけて一カ月半、山中篤太郎先生のお伴をしてジャワ農村調査に出掛けた機会に、再びオビュスを訪ねた。その頃はまだオビュスの主人公は抑留キャンプに入っておらず、店を開けてはいたが細々と営業をつづけていた。私の顔を見るやたいへん喜んで迎えてくれ、何も言わずに奥へ入りまもなくして顔を見せると、「これがあなたの依頼でその後集めておいたものです」と、五種類の雑誌の欠号をほとんど揃えた大きな一束を、私の目の前の机にどっかとのせた。これが古本屋の仁義というものか、私は感激して彼の手を強く握りしめ、心から有難うと礼を述べた。この店はそれからまもなく軍政当局の接収するところとなり、その管理の責任者になった人は、はからずも丸善の佐久間君だった。

私の本のゆくえ

シンガポールから浦賀へリバティ船で私が復員帰還したのは、戦争が終った翌年の八月はじめだった。本郷西片町の家は幸いに爆撃による戦禍をまぬがれたので、久し振りにわが家に落ち着くことができた。大連に疎開していた私の家族はまだ引き揚げていなかった。私の書斎には本のすがたは見えずガランとしていた。

姉の長男、すなわち私の甥の村田昭博君が、東京が再度爆撃される日も近いとみて、私の蔵書のうち洋書のほとんど全部を、姉の住んでいた練馬江古田の家へ苦労しながら馬車で運んでいた。どの本が特に重要かについては、永田清さんがしるしをつけてくれたそうである。姉の村田よしいは当時約千坪の土地を借り受け、そのうち三百三十坪ばかりを住宅地および庭園として利用した。残りの土地ははじめは草ぼうぼうの裏庭だったが、戦時中は野菜畑となった。四方を道路で囲まれたこの一画は、飛び地のようなもので、道を隔てた隣家でたとえ火災があったとしても、類焼の危険のない安全な場所と思われた。

ところが不幸なことに五月の東京大爆撃のあとで、所沢飛行場に向った敵の爆撃機が、ことあろうに姉の家にのみ焼夷弾を集中的に投下した。これはいったいどうしたことだろう。おそらく考えられる唯一の理由は、当時としてはめずらしい家の屋根一面に張りつめられた太陽熱利用のガラスの装置がキラキラと光り、敵機の注目するところとなったのではなかろうか。家は焼失し土蔵の中にいっぱい運びこまれた私の洋書も燃えつくした。当時姉は米沢市郊外赤湯温泉に疎開していたので無事だった。一人留守番していた甥の昭博君も九死に一生を得た。

こうして、戦前ジャワから私が持ち帰ったオランダ語の本千百冊とその他の洋書も合わせて、約三千五百冊は焼塵と化した。本が焼失した時甥が横浜正金銀行タイピン支店気付で、私あてに「本焼けた」と打電してくれたので、本のことについて万事あきらめていた私は、帰還後別にショックを受けることなく済んだ。しかしほんとうに惜しいことをしたと思う。

西片町の家に残った日本語の本は、さしあたり竹の子生活のため近所の本屋に五、六回にわけて委託販売に出した。しかし売れたのは哲学や社会学や経済学の本で、アジア関係の本は見向きもされないので、そのまま大部分手もとに残った。

僕の書斎

昭和四十七年三月末、私は停年制により一橋大学を退職することになった。さいわいに江古田の自宅の庭の一隅に書庫付き書斎を新築するだけの退職金をもらった。今から思えば、その時念願の書斎の新築に踏みきればそれなりにできたことは間違いない。しかし実際はそういう状況になかった。

退職後、その翌日の四月一日付で、富士山麓海抜五百メートルの朝霧高原の一角にある「貿易研修センター」（通称、貿易大学）に理事・教学長として就任することになった。毎週月曜日の早朝、東名高速バスで出勤し、金曜日の午後五時キャンパスを去って江古田の自宅に帰るという日程が始まった。キャンパスでは思いのほか研修行政上の仕事に追われ、他方、研修プログラムの改革を企図したため、それに関連する仕事の処理に没頭した。そのため、自分の著作研究活動は自然におろそかになり、読書とか執筆に専念する仕事場としての独立の書斎の必要を、身近に感ずることもなくなった。伊東へ出掛けることも稀となり、その年の暮れには良東《りょうとう》泉《せん》旅館を最終的に引き揚げた。

思えば私の良東泉時代は長かった。戦後、最初の著作『世界政治経済論』をまとめるために、昭和二十四年の冬に初めて訪れてから四十七年の暮の引き揚げまで、数えれば満二十三年もの長きにわたった。夏期の軽井沢生活を除けば、私の戦後の著作活動はほとんどすべてここでなされた。私の研究生活にとってまことに得難い年月の良東泉時代だった。宿料は無期限のツケで往復の汽車賃さえあれば、温泉宿の一室を思いのまま利用できたという特権は最高だった。別に親戚でもないのに親戚以上の厚遇を快く私にあたえてくださった山口哲夫・房子ご夫妻ならびにご母堂に対しては、いい尽すことのできない感謝の念でいっぱいである。

良東泉時代が終り、富士山麓の生活も一年で終止符がうたれた。再び研究生活に戻ったのは亜細亜大学に教鞭をとるようになってからである。ことしの九月で満五年半になるが、その間に蔵書は増加する一方で、狭いわが家はもう本の置き場もないくらい。廊下はいうまでもなく二階にのぼる階段まで本や雑誌が積み上げられる始末。とにかく書庫を何とかしなくてはと、昨年は地下倉庫を改造して書庫をつくり、そこに二十本のスチール製書架をはめこんだ。ことしは裏庭に建坪四坪八畳の広さの新書庫を建てた。ここは三方の壁に天井までとどく備付けの本棚をとりつけ、中央の空間に八本の書架を配置した。こうして前からある二つの書庫と合わせて大小四つの書庫となった。新書庫の完成をまってゼミ学生の協力のもとに本の移動をこの六月に終った。本の分類整理も一応終ったが、さて実際の利用という段になると検索に手間どり思うように意にまかせない。

こうしてとりあえず本の置き場として必要な書庫だけはどうにかできたというものの、それが四方にわかれた「たこ足」書庫では、能率がわるく不便きわまりない。書斎は二階の四畳半の二間をあてているが、書斎と書庫が分離されているので、何か仕事を始めるとなると「たこ足」書庫から何十冊も運びこまねばならない。階段の上り下りで脚が丈夫になると自ら慰めてはいるものの、やや負け惜しみの憾なきを得ない。一万冊以上の収書能力を持つ「書庫付き書斎」を持ちたい私の夢は、どうやら見果てぬ夢に終りそうである。

（一九七八・七・十五）

やめられない煙草

健康法というとすぐ「煙草と酒は身体の毒」といわれるが、八十五歳になった今でも日に四十本は欠かせない。しかもその喫み方がいわゆるチェーン・スモーカーぶりで、煙草の火が消えるやいなやまた次の一本に火をつける有様、好きというよりやめるにやめられない習慣というよりほかかない。

学生時代はまったく喫まず、助教授になった一九四〇年の秋、インドネシアへ旅行した時はじめて煙草を手にした。スラバヤの日本人ホテルに同宿した朝日、毎日、読売、同盟通信の特派員たちが、５５５の香りのよいエジプト煙草を旨そうにプカプカふかし、「先生一服いかがですか?」とすすめられるままに、口にしたのがきっかけだった。それから未だにやめられないのは病みつきという一種の病気かもしれない。

近頃は嫌煙党が幅をきかし、駅はもちろん列車の中でも、およそ人の集まるところでは頗《すこぶ》る肩身のせまい思いである。そのせいで外出の多い日には分量が減るが、部屋にいる時は相変らずである。

どんな用事だったか思い出せないが、ある日、有澤廣巳先生を神田学士会館の理事長室にお訪ねした。ドアを開けて部屋に入ると、もうもうたる煙草のけむりでむっとした。先生は吸いかけの紙巻煙草を手にしながらお会いくださった。十分ほどの短い時間、終始煙草を口にされていた。辞去するにあたり、「先生は一日何本ですか?」とお尋ねすると、何の躊躇もなく即座に「四十本!」と、笑いながら答えられた。思わず「私も四十本です」と相槌を打って退室した。先生が九十二歳で亡くなる三年ほど前のことだった。

「煙草は身体に毒だから、肺癌になるからやめなさい」と、誰彼となく強くすすめられるが、有澤先生のような生きた証拠をつかんだ僕は、煙草の害はその人の体質によるんだ、とあっさり割り切っている。もっとも僕はロンソンのピュラフィルター(やにとり)付きのパイプに、シガレットをさし込んで喫んでいるので、案外煙害が少ないのかもしれない。

飲めないお酒

身体に毒といえばきまってあげられるお酒については、僕は全くの下戸《げこ》といってよい。ビールならコップ一杯、酒ならせいぜい杯に五、六杯ていどで、つきあい以外、平素、酒はほとんど飲まない。飲まないというより飲めないのである。飲めない体質というより何か一種の自己暗示にかかったように、ちょっと飲んだだけですぐ顔がほてり真っ赤になり酔った気分になってしまう。

家が樺太泊居町の造り酒屋だった関係から、子供の時から父親のきびしい訓戒が、僕の深層心理にしみこんだせいかもしれない。おやじは口癖のように、「造り酒屋は人に良いお酒を飲んでもらうために一所懸命に造っているのだ。酒屋の主人が酒飲みだと、杜氏や倉男にしめしがつかないことになる。杯に三杯以上は飲まないように心掛けよ」と、きびしく戒められた。おやじ自身も杯三つで真っ赤な顔色となり、陽気な機嫌で新酒祝いの招待客をもてなす様子を、そばで見ていて子供心に納得した。

僕は酒は飲めないが、お酒の出る宴会には好んで参加した。また友人にはお酒の好きな人が多く、「これから何処かで飲もうや」と誘われれば、喜んで一緒に飲み、断ったおぼえはない。宴席で声がかかれば、得意のブンガワン・ソロでも民謡でも流行歌でも何でも唱って喝采を博した。何しろ僕はあの有名な唱歌（商科）大学の出身なので。僕の分までたっぷり飲んだ友人のざっくばらんな大気焔に調子を合わせ、へべれけになった友人を担いで、友人の家まで車で送りとどけたこともある。大勢の宴会でも少人数の酒席でも、酒は飲めなくても最後までつきあうのが、僕の若い時からのしきたりだった。

おやじはそこまで僕を躾けたわけではないが、いつのまにか自然に身についてしまった。酒の飲めない僕が、学会や研究会が終ったあとで、友だちと一緒に帰る時、みんなに声をかけて誘うところは、かねて研究開発した美味しい珈琲を喫ませる喫茶店だった。珈琲は胃に悪いとか、夜は眠れないと敬遠する人もあるが、日によって五、六杯喫んだって大丈夫、大丈夫、僕が保証する。

大病したこともある

現在僕は、正直なところ、高齢者につきまとう老化現象を身体のあちこちに少しずつ感じているが、特に病気らしい病気もなく元気に毎日を過している。それでは僕は子供の頃からこんにちまで、ずうっと健康体で病気をしなかったかというと、そうではない。人並みにかなり病気の経験がある。

小学生の頃寒い樺太でよく風邪をひき、無理して登校したためにとうとう風邪をこじらせ、気管支喘息に罹り喘息が長いあいだ僕の持病となってしまった。季節の変り目ごとに発作をおこして苦しんだ。終戦後、マラヤのサラノース抑留キャンプでマラリアに罹り、入院一カ月で一応おさまった。しかし日本へ引き揚げてからも二、三回再発した。竹の子時代の苦しい生活の中で喘息がひどくなり、発作を抑える唯一のエフェドリンが限度にきて、もはや注射がきかず、死の苦しみだった。幸いに永田清君の紹介で武見太郎先生が近所に住む大河内一男君を案内役に、急遽駆けつけてくださり、先生が用意された外国製の数種の薬を配合した注射三本で命を助けてもらった。これでマラリアも喘息もいっぺんで消え失せ、その後も再発しなかった。

一九六四年四月、イタリアのコモ湖畔で開催されたベラージオ国際会議（主題は「ナショナリズムと開発の政治的選択」）から帰国した直後、十二指腸潰瘍の出血で入院手術、ゼミの教え子たちの輸血で肝炎にも罹らず全快した。

一九七三年六月、胆石の激痛で入院、痛みが治まったので退院、手術を先へ延ばし、ゼミの相澤紘史君がすすめてくれた漢方薬の流石茶の服用で再発もなく、今では胆石のことを完全に忘れて気にかけたことはない。

こころの健康——ドイツの古諺《こげん》とウルマンの詩

健康は身体のことだけではない。こころの健康がもっと大事なことではないか。

これまで健康法といえば、きまって「身体」の健康法に偏ってしまい、もう一つの「こころ」の健康法に注意が向けられていない。身体の健康はこころの健康と不可分なのだ。人間は身心一体であり、したがって健康も身心一如としてとらえられねばならない。

ドイツの古い諺に、「長生きするのは　神の恵み　若さを保つのは　生活の智恵」というものがある。

古くから言い伝えられたこの諺は、身体だけ生きながらえる長寿よりも、こころのはたらき、こころの智恵によって老いても若さを保つことの大切さを教えている。

サミュエル・ウルマン（一八四〇～一九二四）が八十歳の誕生祝いに自費出版した『青春』と題する英文二四六文字の一篇の詩賦は、「若さを保つ」生活の智恵の核心を衝いて、次のようにうたっている。
「青春とは人生のある期間を言うのではなく、心の様相を言うのだ。」

★

「人は信念と共に若く　疑惑と共に老ゆる。
人は自信と共に若く　恐怖と共に老ゆる。
希望ある限り若く　失望と共に老い朽ちる。」

（宮沢次郎『感動の詩賦「青春」』竹井出版　一九八八年　より）

ウルマンのこの詩は、若さを保つこころの青春こそ、寿命や年齢を超えて、人生にとって最も大事であることを教えたこころに響く人生訓といえよう。肉体としての身体は、年齢を重ねるに従って体力の衰えは争われない。しかし、「青春のこころ」をいだいて、気力、気概がしっかりしていれば、身心の若さを保ち、「健やかに老いる」ことを可能にする。信念、自信、希望に生きる限り、自分に負わされた使命感に徹する限り、その人は永遠に若い。

自己の中に永遠を

平常心を人生に処する大事な心構えとして胸に刻むことはよい。それと同時に、ウルマンが「青春」の詩でうたったような、夢でもロマンでも理想でもよい、何か人生に生きる気概を鼓舞する心の支えがほしい。

「自己の中に永遠を」というのが私の生活信条である。この言葉が私の脳裡にひらめいたのは、若い時ゆくりなくも与謝野晶子の歌との出会いの一瞬である。

劫初より作りいとなむ殿堂に
　われも黄金の釘ひとつ打つ

この一首に感動して書きとめた言葉――「自己の中に永遠を求める者でなければ、人生の孤独な闘いに打ち克つことはできない」と。

また九条武子の歌に、

死ぬまでも死にてののちもわれといふ
ものの残せるひとすぢの路

明治末期から昭和初頭に注目されたふたりの女性詩人から受けた衝撃から、私の生涯の生活信条が生まれた。

何か一筆私に書を求められると、その人に望みを託してこの言葉「自己の中に永遠を」を色紙に書いた。しばらくしてある日その人に会った時、「先生からいただいたあの額は、書斎にしばらく飾っていたが、それを正視することが怖くなってはずしてしまっている。いつの日にかこれを正面から眺められる日が来ることをねがっている」と告白された。彼はその後国際的にも高く評価された立派な記念碑的著作をものされたので、彼の書斎の壁に再びかかげられたのではないかと、ひそかに想像している。

またある人の言にいわく、

「教師というものは空しい理想像を刻もうとする孤独な彫刻師に似ている」

と、いやしくも研究者であり教育者である限り、多かれ少なかれすべての教師は、失望すれども絶望せず、理想の夢を追うロマンティスト、アイデアリストではなかろうか。

第九章　教えを請うとあとが大変だった

――板垣哲史、父を語る

板垣哲史《てつふみ》――與一氏の長男。一九四四年、東京生まれ。慶應義塾大学卒。
㈱日本トーマスモア・コンサルティング社代表取締役。

「東大以外の大学に行ってはいかん」

――ものごころついた頃のお父様の思い出は？

私は昭和十九年の東京生まれなのですが、母から聞いた話では、東京空襲があるというので、私が生まれて直ぐ母の実家の旧満州（中国東北部）の大連に疎開して、私たちはそちらで終戦を迎えました。その時父は軍の仕事でシンガポールにいて、そのまま終戦を迎えました。母の父親は瓜谷長造といって、当時、満州商工会議所の会頭をやっていました。大豆などの食料品を中心とした貿易商で大成功した人だったようです。

日本への引揚げは私が二歳になった頃だと思います。もちろん覚えてはいませんが、先に帰国していた父が大連へ迎えに来たらしいです。今から十五年ぐらい前に中国残留孤児のことが話題になりましたが、その時母から「お前ももう少しで残留孤児になっていたかもしれない」などと脅かされたりしました。

――その頃、お住まいはどこだったのですか？

最初は東京・本郷の西片町に住んでいて、それから親戚の関係で現在の練馬区江古田に引っ越しました。

父は当時、母の知人が経営する静岡県伊東の良東泉《りょうとうせん》という旅館の一角を借りて、主にそちらで仕事をしていました。普段も非常に忙しかったのですが、週末になるとそちらに行ってしまうのです。ですから、ものごころがついてからの父の思い出といっても、ほとんど私には父の影はありません。小学校時代まで父と話をした記憶というのがまったくないのです。おそらく、二人の姉たちも幼い時の父の記憶はほとんどないと思いますね。そんなわけで、家庭団欒という記憶もなくて、食事をしている風景といえば、母と祖母と姉二人と学生さんたちとの記憶しかないですね。

ただ、昭和二十八年に進駐軍に接収されていた軽井沢の別荘が解除となってから、毎年夏休みの四十日間だけは家族一緒の時間を過ごしました。父は薪で風呂をたいたりして、私たちの目からは、突然変身したように見えました。まったく不思議な光景で、理解が及びませんでした。

また、私が小学校の二年の時に、父がすごく嬉しそうに一冊の大きな洋書を抱えて帰って来たことがありました。神田の古本屋で買ったのですが、イタリアの政治学者のニコロ・マキャベリの著作集で、赤い羊皮の立派な本でした。当時八千円とか言っていました。それでのちに父はマキャベリ研究をしましたし、私にとっても大学院時代の研究テーマがマキャベリの政治思想で、それを修士論文にしたという経緯があります。

その後、伊東の良東泉に「お前もここへ来て勉強しなさい」と言われて、中学受験の時に四泊五日ぐらいで勉強しに行ったことがあります。その時に「これを読みなさい」と言われて渡されたのが森鷗外の『舞姫』で、汽車の中で読んだ覚えがあります。

それから、高校卒業が近くなった時に、父からは「きみは東大以外の大学に行ってはいかん」と言われました。父の希望というより命令ですからね、それは大変なプレッシャーを感じたものです。父は、「一橋のアカデミズムは私から学べる。だからきみは東大のアカデミズムを学ぶべきだ」と考えたようです。

結局、二年間浪人して父の命令はついに果たせなかったのですが、受験に失敗するたびに父が伊東から手紙をくれるのですね。その手紙三通は今でも持っています。ただ、さすがに二年浪人すると体力的にも弱っていたので、母が心配して入学金を積み立ててくれていて、父に内緒で慶應（大学）を受けまして、「もうこれで許してください」と言ったら、さすがの父もしようがないということになったのです。

当時、一番心配をかけたのは母であることは言うまでもありませんが、同じくらい心配をかけた先生が二人います。父の側近のお弟子さんで、私の小・中学校時代の教育係を頼まれた桶舎典男先生と、高校、予備校時代の倉井武夫先生です。お二人には相当はらはらさせてしまったと思います。

本棚が櫛の歯の抜けたように

――「勉強しろ」とか言われたことは?

そういう言い方はしませんでした。父にとっては、学校の受験勉強などというものは答えのわかっている問題を解くのだから、何が難しいのか全然理解できないということでしたから、いわゆる「勉強しなさい」と言われたことはあまりないですね。ただ、「本を読みなさい」とは小さい頃からすごく言われました。父の口癖は「本を読まざれば進歩なし」でした。ですから父は、私が「本を買いたい」と言うと、どんな工面をしても買ってくれました。講談社の世界名作全集百巻も、ポンと買ってくれました。本に関しては惜しみない支援をしてくれました。

もちろん、学者としての父の資料集めは徹底していました。戦前、父は神田の本屋街で一気に数十冊を買うというのが習慣だったらしく、父の通ったあとは本屋の棚がみんな櫛の歯が抜けたようになったという伝説を聞いたことがあります。戦前の昭和十五、六年ぐらいですでに我が家には、洋書だけで五千冊以上、書籍全部で二万冊ぐらいはあったんじゃないでしょうか。ところが父はまったくお金のことは考えず、母方の実家がまあ裕福だったということもあり、その請求書はすべて母方の祖父のところに回っていたそうです。

戦後は母方の実家も没落して、しかも父は所詮、薄給の公務員ですからね。戦前あれだけ派手に購入していた父も、さすがに本の値段を見ては、本棚にそっと返したのですね。そんな父の姿を見て、戦前から懇意にしていた本郷西片町の文楽堂という書店の主人がえらく心を痛めましてね。ある日、父に「板垣先生、遠慮しなくていいですよ。代金なんか、出世払いでけっこうですから、好きなだけ本をお持ちください」と、思わず言ってしまったそうです。昭和二十二、三年のことですかね。

そうしたら父は、「とんでもない」と言うどころか、「そうですか」と言って、ほんとに戦前と同じように櫛の歯が抜けるようにバーッと膨大な数の本を持って帰ったといいます(笑)。でも、その蔵書のおかげで父の戦後の学問的基礎ができたみたいですね。

それは一年間ほどのことだったようですが、父はそのことをすっかり忘れてしまっていたようです。父は九十四歳で亡くなるまで月に少なくとも五、六万円は本を買っていましたし、その後も文楽堂さんとのおつきあいは何十年もあったのです。ただ、母のほうがその借金をよく覚えていて、非常に気にしていました。ただ、高度成長で経済発展を遂げる昭和三十年代、四十年代までは生活費の遣り繰りに追われていて、返せなかったのです。

結局、父が六十三歳になった昭和四十七年、一橋大学を退官した時に、退職金が五百万円ぐらい入りまして、母は「ようやく返せる」と思って父と連れ立ってそのうちの確か百万円を持って行ったのです。もう文楽堂のおばあさんは八十歳を超えていたでしょうが、父が「ほんとにお世話になりました」と頭を下げると、おばあさんも「お役に立てて嬉しい」と言ってくれて、涙の対面になったそうです。まあ、昔は専門書の本屋さんと学者との間には、そんな友情があったわけですね。

母は気にしていたのですが、父は自分に自信があるからそうしたのかどうか、返す気があったのかどうかは定かじゃないですが……(笑)。ただ、それが父のエネルギーだったのかもしれません。

戦前派の大学の教授というのは、勉強ができるから大学に残るという今のサラリーマン的な発想とは違って、ほんとに文化の担い手としての自負があって、生活費のことなんか考えずに夢中になって研究していくしかなかった。だからある程度の経済的なバックグラウンドがないとやっていけなかったと思います。

もともと父は樺太の造り酒屋の息子ですから、「大学の教授になどなろうと思ってなったのではない。好きなことを一所懸命に研究していたら、いつのまにかなってしまった」とは、よく言ってましたね。経済的な余裕が出てきたのは、父が六十歳を過ぎた一九七〇年代に入ってからでしょう。

他人のレポートを徹夜で添削

――学者としてのお父様の業績はどの程度、把握していましたか?

一橋のアカデミズムの伝統は、カント、ヘーゲル、ハイデッガーなどの西洋哲学、西田幾太郎などの東洋哲学から始まって、ヨーロッパの著名な思想家の考えを研究することにありました。その中から、日本が若干ヨーロッパから遅れているということもあって、ヨーロッパの当時発展途上国であったドイツの経済学者のフリードリッヒ・リストの経済論に傾注して、当時のアダム・スミスの『自由貿易論』に対して、保護貿易をしながら段階的に発展して自由化していくという考え方に着目し、その新しい概念を打ち立てることが戦前の研究のテーマだったと思います。

そこから学問体系で言えば経済学の歴史か経済理論の研究ということになるのですが、父は、実際の政治に関わらない机上の空論に終わる学問は意味がないと考え、政治経済の未来に関わるジャンルとして「政策学」というものに着目したわけです。そして、戦争中の体験を経て、アジアの国々の為政者たちが経済発展のためにはどういう政策を取るべきかという理論を組み立てたわけです。それが、『アジアの民族主義と経済発展』という戦後の博士論文につながっていったのです。

当時としては、あくまで西洋の哲学・思想の研究こそが学問としての本流で、アジアの政治・経済など学問の範疇に入らないという意見が大勢を占めていたのですが、父はそれを意に介さず、アジアの発展のための理論という視点に立った研究を貫いたわけです。もし権威主義の学者だったら、そうした方向転換ができなかったのではないかと思いますし、ほんとうに実践に役立つ学問姿勢は、息子の私から見てもなかなか大したものだと思い、誇りに思っています。

私も学生時代にそんな父の姿勢に触発されて、学者を志して大学院までは行ったのですが、父にちょっと論文指導を頼むたびに厳しく添削され、死ぬほど辛い思いをするものですから、これはとても教授になれるだけの力量がないとあきらめました。私にとって大学教授というイメージはどうしても父の研究ぶりと重なるものですから、教授にならないかという話はないことはなかったのですが、どうしても受けることができなかったのです。

私は政治思想を研究していたのですが、父のほうは経済学、社会学、政治学、政治思想、哲学と非常に分野が広くて、どこに逃げても父が先回りしている感じで、どうしようもないのですね。父のお弟子さんのすべてもそう感じたと思います。先を読まれてしまうのですね。

——勉強を直接教わったことはありませんか?

私が大学に入ってからは、教わりましたね。でも、私がささやかなレポートや論文を書いて父のところに持っていくと、大変なことになりました。ものすごい時間をかけて添削の作業が始まるのですよ。それが延々と続いて、父も寝る時間がなくなっちゃうのですね。それに合わせて、今度は参考文献をドーンと何十冊も出してくるのです。それもすべてドイツ語、フランス語、ラテン語、イタリア語などの原書で、「父さん、僕はドイツ語とラテン語はわからないんだけど……」と言うと、「わからなくてもよい。原書の一箇所をじっと眺めていなさい」という具合です。私もだんだんとこれは大変なことになると思って、途中から見てもらうことをやめました（笑）。いわゆる原典主義が半端ではないのです。

父のお弟子さんたちも、同じことをよく言っていました。全部直されて、直されるのを待っているうちにお弟子さんのほうが先に寝てしまって、目が覚めると父がまだ横で添削していたというのです。

こう言うと語弊があるかもしれませんが、母がよく、「お父さんのお弟子さんの中から大学者が育ちづらいのはそんなお父さんのせいかもしれない」なんてこぼしていました。とにかく、始まったら寝食を忘れて、時間も何も飛んでしまうのですね。体力も非常にありました。

家計が心配になるほどの「合宿生活」

——お弟子さんたちはよくご自宅に来られたのですか？

少人数でゼミナールを進めるというのが一橋の伝統で、ゼミの学生さんをゼミナリステンというのですが、千客万来というか、ゼミナリステンの方やOBの方々が私の自宅へも軽井沢の別荘にも次から次によくいらっしゃいました。まるで延々と合宿生活をしている感じです。

私はひそかにこんなに食べ盛りの人たちが大勢来ていて、いったい我が家の家計は大丈夫なのかと心配するほどでした。後になってその一人にお聞きしたのですが、わりと実家が裕福だった学生さんが交代交代でおかずを買っていたそうです（笑）。

小さい頃の父の記憶はあまりないのに、そういうゼミの学生さんたちに囲まれて育ったという記憶は鮮明にあります。そんなお兄さんたちによく可愛がってもらいました。

私が成長するにしたがい、ゼミの学生さんと同じ世代となり、時には自宅でやるゼミのディスカッションに参加するようにもなりました。また父が一橋大学を退官した頃からは、亜細亜大学の大学院生の方々が自宅で指導を受けるため訪ねて来られましたし、夏の軽井沢滞在中は彼らの中から当番となった人が留守番役を買って出てくれ、大変助かったと思います。

四人の女性ファン

――お父様は、お母様が亡くなられてからは、長らく一人暮らしをされていたそうですが？

六年間ですね。平成九年に母が亡くなったあと一人暮らしを始めたのですが、九十歳を過ぎてもだいたい生活パターンは同じでした。午後の二時に起きて食事をして、散歩がてらに郵便局に行ったり、喫茶店でコーヒーを飲んだりしてました。コーヒーは好きで、近所に「ガーデン」と「ハマ」という行きつけの喫茶店が二軒ありましたね。テレビはNHKの七時のニュースだけしか見ませんでした。それで、だいたい夜の十時頃から書斎に入って延々と読書三昧をして、早くて寝床に就くのが午前四時。手紙を書く時などは午前六時でした。一人暮らしとはいえ、昼間はあんがい宅配便とかの人が来たり電話があったりして、落ち着いてデスクに向っていられないのでしょうね。

食事のほうは練馬区の福祉協会の人に温かいものを作ってもらっていましたし、時々二人の姉が身の回りの世話をしに通っていました。私も食事の宅配のない日曜日に訪ね、父の得意な哲学と理論を少しでも理解しようと、毎週食事を共にしました。妻・伸子はいわゆる嫁として接していたというより父とはタバコとコーヒーの趣味が一致し、たまに同伴した時は仲良く人生談義に花を咲かせていました。とにかく、万巻の書に囲まれたそういう悠々自適の生活を楽しんでいましたね。

それに老いた晩年の父を励ましてくれた女性ファンの中でも、印象に残っている四人の方がいました。横浜のレストラン「かをり」を経営している板倉敬子さん、毎週来てくれたホームヘルパーの本名敏子さん、軽井沢のインド風の軽喫茶「チャンドラ」のママ・澤田美登利さん、そして練馬区江古田のコーヒー専門店「ハマ」の女主人、この方の名前は父しか知りません。そうした方々との交流も父にとっては大切なひとときであったと思います。

また、来客は、父が九十四歳になるまで絶えることはなかったですね。常に門戸は開いて、一橋の伝統というクローズされた社会の中でなく、すべての人に対してオープンが基本でした。母はよく「お父さんは去る者は追わず、来るものは拒まずだから」と、なかば呆れながら言っていました。

私も、当時は大学教授なんてみんなこんなものなのかと思っていましたが、父は特別だったことが今になってわかります。父はあらゆる利害を越えて、人に学問を教えることが好きだったのだと思います。そのために教授という職業を選んだことも大正解。いつも若い人たちに囲まれて、しみじみ父の人生は幸せだったなあと思います。

「特急電車でなく鈍行列車だった」

――お亡くなりになる直前の様子はいかがでしたか？

今年（二〇〇三年）の六月一日に母の七回忌があったのですが、その準備のために母の書き残した手紙をもう一度整理したり、皆さんに配る小冊子を作ったりして相当エネルギーを使ったようで、その後、急に元気がなくなり、姉二人の応援を頼むことになりました。

近所のお医者さんから膵臓がんと診断されましたが、本人には肝臓が弱っていて元に戻すのは難しいとだけ伝えました。でも、本人は重病であることを覚悟したようです。最後の十日間入院した聖路加病院に入るまでの二カ月間、実の娘の瑛子、慶子の献身的介護の下で、痛みが出ることもほとんどなく、常におだやかな表情を崩すことはありませんでしたが、食欲は次第に衰えていきました。

本人は当初、畳の上で死にたいと願っていましたが、姉たちの負担が重くなるのを気遣って、自ら入院を申し出たようです。聖路加病院では、ホスピスに入りました。本人はすぐにあの世に行けると思ったのでしょうがそうもいかず、身の置きどころのない辛さに、「特急電車だと思って乗ったのが鈍行列車だった」と姉にぼやいていたそうです。

最後の三日間はほとんど眠っていて、八月二十八日の夜、その日の朝より担当の大高先生から「今晩にも……」とのお話があり、三人の子供、孫、曾孫までほとんど全員が駆けつけ、皆に囲まれ、静かに息を引き取りました。安らかな大往生でした。

法名は「安養院釋與一」と命名されました。父は仏教に対する信仰心も厚く、本当に菩薩になったと私は思っています。

【付　録】

自作歌詞集

人生行路・四段階（春・夏・秋・冬）

ハァー、ドスコイ、ドスコイ
人生四段階をば、甚句にとけばョー
一、生まれたときは　天真無邪気
可愛がられて　よく育ち
幼稚園では　よく遊び
小学校では　読み書き算数
中学校では　好奇心に燃え
高校時代は　広く調べ
大学時代は　深く考えて
そこで「学びかつ問い」「問いかつ学ぶ」
真の学問を　しっかりしっかり身につける
かくて─「修業の人生」に悔いはなし
ハァー、ドスコイ、ドスコイ
二、社会に入れば自主自律
決めた仕事は　わが天職
自己には厳しく　他者とは「対話」
時代の変化を　よく読みとって
一歩先行く　独自の発想
およそ仕事に関する限り
仕事の達成で　胸を張る
文豪ゲーテの好きな言葉
「日の義務を尽せ」をモットーに
常に仕事に全力投球
かくて─「仕事の人生」に悔いはなし

ハァー、ドスコイ、ドスコイ
「仕事の人生」のその次は
三、生まれ故郷や懐かしの母校
　隣近所や地域社会に
御恩返しの奉仕の活動
視野を広げて近隣諸国
韓国、北鮮、中国、台湾
アセアン諸国から南アジア
中東、アフリカへと足を伸ばし
植林、食糧、医療、環境
地球人類共生のため
専門生かしたボランティア活動
かくて─「奉仕の人生」に悔いはなし
ハァー、ドスコイ、ドスコイ
四、されど歳月は人を待たず、光陰矢の如し
　自信に充ちた体力、気力も

やがて次第に衰えて
いつとはなしに　眼が外から
内へと向った　その瞬間!!
ここまで自分を支えてくれた
妻（夫）や子供や親族などへの
感謝の念に初めて目が覚《さ》め
翻然と悟りの境地
老い先短いわが人生を
感謝、感謝と手を合わせ
「感謝の人生」に生きるのみ
かくて─心安らかに天命を待たんかな
ハァー、ドスコイ、ドスコイ

（二〇〇一・七・十八）

生涯青春塾の開塾によせて

ハァー、ドスコイ、ドスコイ
青春塾をば、甚句にとけばョー

人と生まれて大事な人生
いかに人生を生くべきか
持って生まれた天賦の才能
玉磨かざれば光なし
知能、情能それぞれに
鍛え磨けば燦たる光
自信に充ちて「自主創造」へ
ハァー、ドスコイ、ドスコイ

されど人生一人《ひとり》にあらず
他者との共生すなわち人生
他人《ひと》との出会いを大切に
立場の違いを乗り越えて
凛《りん》たる気持をもちながら
しなやかに包み込む恕《じょ》（思いやり）の心
過去を問わず、現在を責めず
唯々未来を励ますこころ
自信に充ちて「対話共存」へ
ハァー、ドスコイ、ドスコイ

互いを励ます塾生たちが
ここに楽しく相集い
晴れて、本日ョーホホホィー
ハァー、はじめますョー
ハァー、ドスコイ、ドスコイ

（二〇〇一・六・二十九）

（生涯青春塾については四八頁参照）

レストラン「かをり」50周年に寄せて

「かをり」讃歌

一、この人には夢がある
　よこはま生まれのよこはま育ち
　よこはま日本の食文化のエッセンスが
　世界の味と賞讃される大きな希望《のぞみ》

二、この人にはひらめきがある
　トリュフ、レーズンサンド、桜ゼリー、銀杏《いちょう》チョコ
　本物の味と香りに精魂こめたオリジナル名菓
　知性と感性の調和をめざす豊かな発想

三、この人には愛と悦びがある
　優しい笑顔を絶やすことなく心を開き
　創造の悦び、働く喜びを生き甲斐に
　縁を大事にひろがるヒューマン・ネットワーク

四、ことしめでたく創業五十年
　祖父母、父母の知恵を光と仰ぎ
　信仰心の篤い母の遺志を心に秘めて
　ひた走りに走りつづけたこの半世紀

（一九九七・十一・三）

「ハマ」讃歌

一、雨が降ろうが
風が吹こうが
「ハマ」へ「ハマ」へと
こころがなびく
「ハマ」へともかく
いちどはおいで
美味しい珈琲が
待ってます

可愛いあの娘《こ》の
サービスで

二、ブルーマウンテン
トアルコトラジャ
なんといっても
珈琲で勝負

お代りつづけ
思わず三杯
醍醐味満喫
極楽往生

これで今夜も
ぐっすり眠る

三、雨が降ろうが
風が吹こうが
明日また「ハマ」へ
再見《ツァイチェン》！　再見《ツァイチェン》!!

（二〇〇三・三・二十八）

（「ハマ」は自宅近くにあるコーヒー専門店）

編集を終えて

父・板垣與一は二〇〇三年（平成十五年）八月二十八日、九十四歳で亡くなりました。

父が八千代国際大学の学長になったのが七十九歳。新設大学だった故に、七十五歳から四年間かけてそれまでに築いた人脈を総動員して形を整えることに忙殺されましたが、今考えれば、普通の人にしてみればとっくに引退しているはずの歳でした。後任に自ら招聘した愛弟子の高瀬浄先生に譲って、勇退したのが八十三歳のことでした。

八十八歳で母・聿子《いつこ》に先立たれ（九七年六月死去）、以後は、東京・練馬区の自宅で一人暮らしをしていました。姉二人が交代で時々身の回りの世話に通っていましたし、地域のヘルパーさんの助けを借りてはいましたが、基本的には日常生活のすべてを一人でこなしていました。

聿子の一周忌に合わせて遺稿集『四季折々に』三百頁を編集し、九十歳を迎えた九八年十月には板垣ゼミのOB会「一垣会」の卒寿記念総会に出席し、自著『アジアとの対話・第五集』を配布しました。二〇〇三年に入っても知力・体力ともに衰えを知らず、その一端を書簡の長さ、多さが表しています。

大学の教授、学長として多くの学生を世に送り出してきたのですから、その交友の広さは当然としても、何の関係もない学生さんから著書の感想文をもらったというだけで文通が始まり、姉の友人たちの集まりで講義をしてくれないかと頼まれれば、何日もかかって準備し、もちろんボランティアで自宅を開放して応ずる。さらに聴講した方とも往復書簡集ができるほどに文通を繰り返す。――父の生活は昔からそうでしたが、自分を頼ってくる他人がいれば、それに応えるのにどんな犠牲も厭わないところがありました。私たち家族から見ると、好き好んで自分を忙しくさせているように見えましたが、今思えば、父自身にとってはそれが生きるエネルギーになっていたのだと思います。

『アジアとの対話』は父が還暦を迎えた時から節目節目で刊行してきた個人全集ともいうべき自著集でしたが、第五集のまえがきには、

「卒寿を迎えた今度こそ、明治、大正、昭和、平成にわたる時代の転変を背景に、自分の人生行路や学問遍歴を回想した書き下ろしの自分史ともいうべきものを書きたいと念願しつつもつ

いに果たせず、これまでと同様、しかもあまり代わり映えしない編集内容となってしまった」とありました。

卒寿以降も父の旺盛な思考力、表現欲は一向に衰えず、今度こそ集大成をという意欲があったのでしょう、二〇〇三年十月の九十五歳の誕生日には一垣会の方々が「励ます会」をしてくれるのに間に合わせようと、次の著作集の構想を練っていたようです。死後、「卒寿の華やぎ」などの書名案とともに、目次立てのメモや原稿のコピーも見つかりました。

亡くなる一年ほど前に書いた「ようし、百まで生きるぞ」と書かれたメモ（四七頁）もありましたが、二〇〇三年六月に母・聿子の七回忌を済ませてから、さすがに気力だけは衰えたようです。看病している私たちに、

「生きつつ、死につつ。
　生死一体というのが人間の生命である。
　これに徹することが自分との出会い。
　今日一日を大切に。
　今日を生きるということは今日死ぬこと」

という言葉を遺していきました。もはや死を受容し、従容として彼岸へ旅立ちました。

息子の私としては、仮題「卒寿の華やぎ」を出せなかったのだけは心残りであったろうと遺志を継ぎ、ここに遺稿集を編むことにしました。

私の力では、とても「時代の転変を背景に自分の人生行路や学問遍歴を回想した自分史」とはいきませんが、すでに『アジアとの対話』で発表したもの何編かに、その後父が書き残した未発表の原稿、「ルーツ探し」として叔父が書いた祖父の伝記のダイジェスト、一垣会の方々からのコラム、私へのインタビュー「父を語る」などを追加しました。また序として、母の遺言通り葬儀委員長を引き受けてくれた叔父の小島清先生の言葉を掲載させていただきました。

今は、父の人生が、長さにおいても内実においても不足はなかったと自らを納得させています。ここに、父の人生を豊かに染めあげていただいた皆様に、改めて深く感謝いたします。

二〇〇四年二月

板垣哲史

著者プロフィール

板垣 與一（いたがき よいち）

一橋大学名誉教授、経済学博士。
1908年、富山県新湊市に生まれる。
高岡商業、小樽高商を経て東京商科大学（現・一橋大学）卒業（32年）。
同大学の助手、助教授、教授、経済学部長、付属図書館長を経て定年退職（72年）。
亜細亜大学教授、経済学部長、大学院研究科委員長を経て定年退職（86年）。
八千代国際大学初代学長在任、5年後退職（93年）。80年、勲二等瑞宝章受章。
2003年8月28日没。

主要著書『政治経済学の方法』『アジアの民族主義と経済発展』（日経・経済図書文化賞受賞）『現代ナショナリズム』

自己の中に永遠を

2004年 4月15日　初版第1刷発行

著　者　板垣 與一
編　者　板垣 哲史
発行者　瓜谷 綱延
発行所　株式会社文芸社
〒160-0022　東京都新宿区新宿1－10－1
電話　03-5369-3060（編集）
03-5369-2299（販売）

印刷所　株式会社平河工業社

ISBN4-8355-7419-2 C0095